2021年湖南省普通高等学校教学改革研究项目《"建……加强党史教育融入高校思政课实践教学的研究》阶段性研究成果

高校思政课程实践教学探究

黄河　朱珊莹　王毅◎著

吉林大学出版社

长春

图书在版编目(CIP)数据

高校思政课程实践教学探究 / 黄河, 朱珊莹, 王毅著. -- 长春：吉林大学出版社，2021.12
ISBN 978-7-5692-9915-1

Ⅰ.①高… Ⅱ.①黄… ②朱… ③王… Ⅲ.①高等学校—思想政治教育—研究—中国 Ⅳ.①G641

中国版本图书馆CIP数据核字(2022)第017213号

书　　名	高校思政课程实践教学探究
	GAOXIAO SIZHENG KECHENG SHIJIAN JIAOXUE TANJIU
作　　者	黄河　朱珊莹　王毅　著
策划编辑	董贵山
责任编辑	张宏亮
责任校对	殷丽爽
装帧设计	王　斌
出版发行	吉林大学出版社
社　　址	长春市人民大街4059号
邮政编码	130021
发行电话	0431-89580028/29/21
网　　址	http://www.jlup.com.cn
电子邮箱	jldxcbs@sina.com
印　　刷	天津和萱印刷有限公司
开　　本	787mm×1092mm　1/16
印　　张	12.25
字　　数	219千字
版　　次	2022年5月　第1版
印　　次	2022年5月　第1次
书　　号	ISBN 978-7-5692-9915-1
定　　价	72.00元

版权所有　　翻印必究

前　言

高校是党和国家意识形态工作的前沿阵地，肩负着学习、研究、宣传马克思主义，弘扬社会主义核心价值观，培养德智体美劳全面发展的社会主义合格建设者和可靠接班人的任务；而高校的思想政治理论课（简称思政课）则是对大学生进行思想政治教育和价值引导的主渠道。当前，思政课的实践教学还存在着诸多不足，需要引起我们的重视。目前，部分思政课教师对于思政课的实践教学重视不够，有些学校对于思政课的实践教学也缺乏系统的设计与安排，思政课实践教学的经费也未能及时划拨到位，加上校外实践基地不足，这些都不同程度地影响了思政课实践教学的开展。但是更重要的是，思政课实践教学的理论研究也相对滞后，学界关于思政课实践教学的含义并没有一个统一的认识，各个学校都是根据自己对思政课实践教学的理解进行实践，实践内容和完成质量也各不相同。其实，思政课的实践教学就是将思政课的课堂实践、校园实践和校外社会实践三种实践方式有机结合，旨在将学生在思政课堂上所学的理论知识与具体的社会实践相结合，进而帮助学生树立正确的人生观、价值观、道德观和法治观等，从而有效提升学生的思辨能力、创新能力和解决问题能力。

本书第一章内容为思政课程实践教学概论，主要从三方面进行了介绍，分别为思政教育、思政课程、思政课程实践教学；第二章内容为高校思政课程实践教学模式，主要从三方面进行了介绍，分别为高校思政课堂实践教学、高校思政课校园实践教学、高校思政课社会实践教学；第三章内容为文化传承下的高校思政课程，主要从两个方面的内容进行了介绍，分别为基于红色文化的高校思政课程和基于传统文化的高校思政课程；第四章内容为网络背景下的高校思政课程，主要从两个方面进行了简要介绍，分别为基于慕课的高校思政课程和基于翻转课堂的高校思政课程；第五章内容为VR技术下的高校思政课程，主要从两个方面进行了介绍，分别为VR技术在思政课教学上的应用和VR技术应用于思政课教学的未来发展。

在撰写本书的过程中，作者得到了许多专家学者的帮助和指导，参考了大量的学术文献，在此表示真诚的感谢。本书内容系统全面，论述条理清晰、深入浅出，但由于作者水平有限，书中难免会有疏漏之处，希望广大同行及时指正。

作者
2021年7月

目 录

第一章 思政课程实践教学概论 ········· 1

 第一节 思政教育 ········· 1

 第二节 思政课程 ········· 10

 第三节 思政课程实践教学 ········· 35

第二章 高校思政课程实践教学模式 ········· 41

 第一节 高校思政课堂实践教学 ········· 41

 第二节 高校思政课校园实践教学 ········· 73

 第三节 高校思政课社会实践教学 ········· 104

第三章 文化传承下的高校思政课程 ········· 126

 第一节 基于"红色文化"的高校思政课程 ········· 126

 第二节 基于传统文化的高校思政课程 ········· 136

第四章 网络背景下的高校思政课程 ········· 143

 第一节 基于慕课的高校思政课程 ········· 143

 第二节 基于翻转课堂的高校思政课程 ········· 154

第五章 VR 技术下的高校思政课程 ········· 162

 第一节 VR 技术在思政课教学上的应用 ········· 162

 第二节 VR 技术应用于思政课教学的未来发展 ········· 179

参考文献 ········· 188

第一章 思政课程实践教学概论

本章内容为思政课程实践教学概论，主要从三方面进行了介绍，分别为思政教育、思政课程、思政课程实践教学。从这三方面的介绍，可以让大家全面了解思政课程实践教学。

第一节 思政教育

一、思政教育的含义

广义上的思想政治教育（以下简称"思政教育"），指一个群体为了巩固自己的统治、维护自身利益及顾全大局发展，而对其群体内全部成员的思想意识施加影响，通过灌输符合自身阶级统治利益的思政观点和道德规范等，实现群体成员思想道德符合阶级统治发展要求的思想道德标准。

思政教育本质上是一种特定的实践活动。在社会中，人们组织和引导公众形成符合特定社会时代和人类自身发展要求的思政观念和人生观念。"特定"一词包括三层含义：一是指以某一类或群体为主体，即特定主体；二是特定内容，包括思想教育、道德教育和政治教育，目前，我国思政教育的内容主要是中国共产党的理论、路线、方针、政策；第三，目标对象是特定的，也就是，它是针对某个社会公众的。思政教育坚持的目的是使人们形成一定的社会所需要的思想。

二、高校思政教育的内涵

（一）思政理论教育

普通高等院校通过思政理论课的课程学习来加深大学生的思政知识底蕴。就目前而言，普通高等院校的理论灌输法不仅体现在相关的课程中，也体现在通过党组织推优及党员培养的方式进行思政教育。

①通过对团员的推优，安排其学习党课知识，配合完成党内实践活动等，在思政教育的过程中完成团员向党员政治身份的转变；

②通过对党员党内知识的培训和提高，以及定期召开党内学习会议等活动，一方面考查和考核学生的思想意识和行为道德，另一方面更加强化了学生的政治素养。这种教育方式一般以非固定课程教育的形式在普通高等院校大学生中开展。这些理论课程，不仅包含了马克思基本原理、方法及思想精髓的讲授，还包括马克思主义中国化的具体内容的讲授。从目前来看，普通高等院校的理论灌输法的具体教学模式和环节，包括理论的教授、学习、宣传和培训及研讨等，这是普通高等院校开展思政教育最基础，同时也是最高效的方式。

（二）通过实践开展教育活动

简而言之，就是通过计划合理、目的明确的理念，引导和组织普通高等院校学生参加形式多样的，能够提升其思想意识和道德素质的社会实践性活动。在多样化的实践锻炼活动选择中，既要顾及大学生的年龄特点、性格特征、学习能力及不同年级等多方面因素，也要同时兼顾将适当的教学内容加以融入，彰显实践活动的教育性。通过实践教育活动，提升大学生的思想觉悟和认识能力，强化理论灌输教育的知识和内容，达到理论知识内化的目的。但事实上，为数不多的实践活动所呈现的教育力度和成效是微乎其微的，因此普通高等院校必须长期坚持实践锻炼活动，才能使大学生在反复的锻炼中提升认识，并将认识内化为自身信念。

三、高校思政教育的基本内容

普通高等院校思政教育的内容也包括受教育者自身的思想需求。同时，也要注重紧跟时代的步伐，做到与时俱进。

(一) 培养正确的世界观

人们对世界的根本看法和观点，反映了人们对人与世界的关系、世界的本质、人的生存价值和地位等一系列基本问题的看法。普通高等院校大学生正处于树立正确世界观的重要时期，必须以科学理论为指导。马克思主义作为党的指导思想，也是党制定政治目标、确定政治方向的基础。我国的普通高等院校始终坚持红色旗帜的引领，因此，思政教育的世界观教育内容是马克思主义科学理论教育。它包括辩证唯物主义、马克思主义认识论和历史唯物主义的哲学原理和方法论指导，以及马克思主义中国化的具体内容。习近平总书记多次强调，要坚持以马克思主义理论作为社会主义现代化建设的指导思想，坚持进行马克思主义的理论教育。大学生是国家未来稳定发展的重要力量，他们必须接受科学理论教育，提高政治素养，明确政治立场，为国家和社会的未来发展做好准备。

(二) 树立崇高的理想信念

这是普通高等院校必不可少的教育内容。党的理想信念就是共产主义，正是因为有着坚定不移的信念，我们党才能够克服一个个问题，取得革命、建设和改革的胜利，我们国家才能够应对一次次的挑战，在排除困难、有效解决问题的过程中，实现国家稳定发展。对于普通高等院校大学生而言，也必须拥有坚定而正确的理想信念，才能在未来握好国家发展的接力棒，朝着正确的方向不断前进。大学生是国家发展的中坚力量，关系着国家未来的发展，关系着能否实现中国人民宏伟的"中国梦"。

(三) 培养爱国主义情怀

爱国主义教育是国家稳定发展、历史向前推进的巨大精神力量，是一种集热爱祖国、报效祖国、忠诚于祖国的思想、意志、情感于一体的社会意识形态的体现。在新的历史时期和时代背景下，爱国主义教育依然很重要。普通高等院校爱国主义教育主要体现在对党史、党情、国史和国情等方面的基本知识的教育，也包括民族团结和国家统一等国家安全方面的教育。习近平总书记指出，爱国主义教育就是要不断强化大学生的爱国意识，使其内心对祖国有强烈的归属感。因此，爱国主义教育不仅有利于学生自身的发展，培养其爱国主义情怀，更是关乎国家未来的发展，为未来能够稳定发展扎实根基。

（四）继承和发扬传统文化

一个国家的文化是这个国家的历史发展及具体国情的体现，我国的传统文化代表了我国深厚的历史文化底蕴，是我们国家和民族的精神和灵魂。我国文化经历了几千年的历史发展，是中华民族之根，我们要做到一脉相承，并将其不断发扬光大。在普通高等院校教育实践中，思政教育一定不能脱离传统文化的教育，在教育实践中让大学生在了解中华文化的基础上实现更好的传承。我们在对传统文化继承和发扬的过程中，要始终坚持批判性继承和创新的态度，使中华优秀传统文化在当代青年心中扎根，内化为气质，外化为人处世之道，在新的时代呈现出新的生机、焕发新光芒。

（五）培养社会主义核心价值观

社会主义核心价值观作为社会主义价值体系的核心内容，不仅是一种社会价值理念，更是人们的行动指南。培养和践行大学生社会主义核心价值观，既是党的重大决策，也是思政教育的重要内容。它突出了大学生对国家未来发展的重要性，和对大学生进行社会主义核心价值观教育的必要性。"勤学、修身、明辨、笃实"的社会主义核心价值观教育，要求学生学好知识，提高自身道德修养，树立正确"三观"，明辨是非，并在实践中提升自己。普通高等院校大学生必须从现在做起，根据以上要求严格要求自己，并在未来身体力行到对国家和社会建设中。

四、思想政治教育的目标

（一）思想素质目标

要坚定贯彻马克思列宁主义、毛泽东思想、邓小平理论、"三个代表"重要思想、科学发展观、习近平新时代中国特色社会主义思想，明确辩证唯物主义的思想，树立正确的"三观"，在生活中不断锻炼自己尝试运用马克思主义理论进行思考和判断；培养集体至上的"三观"，批判享乐主义和拜金主义，明确个人利益要服务于国家利益的思想，对建设富强祖国充满信心和力量，为祖国燃烧才是青春最好的表达方式。

（二）道德素质目标

以集体利益为最高荣誉，个人利益要服从于集体利益，坚信团队合作的重要性和必要性；吃苦耐劳、勤俭节约，在生活学习工作中做到艰苦朴素，享乐在后；遵守法律、热爱国家、懂礼貌、讲诚信、与人相处团结和睦；积极进取，思想要具有正能量，用乐观豁达的心态面对生活，对于事业和学习要充满干劲，秉持着严肃认真的态度，能听进各方的意见和建议，吸取批评中的养分，努力完善自己的道德修养。

（三）政治素质目标

对于我国的国史和国情要了然于胸，对于我国传统文化的优秀之处要加以发扬和继承，不忘初心，坚持共产党领导，继承先辈的革命斗争精神和传统，坚决维护祖国统一和团结，将祖国的利益和荣誉放在心中首位。要具有献身祖国、报效人民的思想觉悟，坚定拥护党的领导和国家的政策方针，做忠诚的爱国主义者。

（四）法纪素质目标

要致力于弘扬全民民主法治的风气，自发学习我国宪法，能够做到正确行使公民权利，维护公民利益，履行公民义务。要从根本上培养高校大学生的法律意识，教导学生做到自我约束、自我管理，并使其能够运用法律武器做出正确的判断和决策。培养学生的勇气和承担挫折的能力，在内遵守校规校纪，在外遵守社会公德和法律法规，自觉主动帮助维护学校和社会的正常公共秩序，深刻领悟法治社会的建成需要每个人来努力，只有让法治变为信仰融入高校大学生的思想道德教育中去，才能让思想转化为实际行动，让法纪素质教育贯穿始终。

（五）心理素质目标

心理素质是一个人心理过程和心理特征的体现，是衡量每个人在情感、意志、性格、行为等方面的综合标准体系。要培养高校大学生形成坚强、自爱的性格，增强他们的抗打击和受压能力，使其具有较好的自我调节能力。这将有利于高校大学生未来的工作、事业、婚姻、家庭等，保证他们在遇到挫折时可以不丧失勇气和信心，能不断努力去改善困境，拥有良好的心态，从而拥有良好的人生。

五、思想政治任务内涵及作用

（一）任务体系的细化明确

思想政治教育是一项综合性的工作，围绕"立德树人，铸魂育人"的根本任务，在培养社会主义建设者和接班人方面，任务繁杂多样，非常具有挑战性，且由于完成思想政治教育根本任务需要多方参与和完成，因此，各个方面的小人物汇成了一个庞大的思想政治教育任务体系。为了增强习近平新时代中国特色社会主义理论体系和理论思想的教育完成效果，提高完成质量，需要细化、明确任务体系，为实现集成创新奠定基础。

1. 任务体系的上下衔接

由于思想政治教育工作的复杂性和全局性，所以，相关联的任务也就复杂多样。面对此种现实，唯有将任务放置在体系视野下，以上下衔接、纵横有度的原则建构技术路线图，设计阶段进展规划，才能高质量完成以立德树人为核心的思想政治教育任务。所谓任务体系的上下衔接，就是指战略规划层面和战术执行层面均需要各司其职、各守其责，做好任务的传导消化工作，做好任务在战略和战术层面的分配工作。既不能让小任务、细任务、非核心的任务扰乱战略规划层面的全局统筹；也不能让宏观任务、大任务、统筹性任务强加给不具备执行能力的战术层面的单位或个体。

2. 任务主体的责任明确

为了高质量完成思想政治教育工作的各项任务，细分任务并确定主体责任是非常必要的。如果不能细分任务，带来的结果就是责任不明，责任不明则意味着主体责任切实贯彻不够，显然任务的执行力度、完成效果就会打折扣。要切实贯彻主体责任可以从任务的结果进行有效的回溯，这种回溯既是权利的回溯，也是义务的回溯。换言之，主体责任人作为执行任务的核心，既享有与任务相匹配的权利，也必须承担与任务相匹配的义务。如果主体责任不明确，回溯就会失去确定权利和义务的意义。更重要的是，如果主体责任不明确，缺乏统一指挥和领导，任务就极大可能处于放任自流的状态，失去其规定性、指向性和前瞻性的意义与特征，从而直接影响任务的完成质量，最终损害全局利益。

3. 任务范围的权责相当

完成任务的主体责任明确之后，仍然需要明确任务范围，做到责权明确、权责相当，督促和指导任务完成单位在各自范围内各守其责、各司其职，不越界、不推诿。由于思想政治教育工作常做常新，而且随着外部环境的变化始终会有新问题出现，要做到集成创新，必须明确任务范围，以权责相当督促新任务不断取得突破。举个例子，马克思主义学院的任务范围和校团委学生处等职能部门的工作范围是不同的，其中马克思主义学院的核心任务是主渠道、主阵地的坚守与开拓，如果在教学上出了问题，那就是马克思主义学院的责任，如果是社团建设中出了偏差，团委就必须承担失察之责。反之，如果教学改革做得好，教学成果突出，说明马克思主义学院建设的质量是令人满意的，如果学生社团在思想政治教育工作方面有巨大贡献，那么团委作为主管部门则是应该受到大力嘉奖的部门。所以，在各自范围内做好自己的分内之事，显然是集成创新的第一要义。

4. 任务考核的赏罚分明

为了督促执行人将任务完成得更好，在考核方面务必做到赏罚分明。思想政治教育工作需要创新、需要与时俱进、需要全力以赴，同时也需要脚踏实地。缺失其中任何一项，思想政治教育工作的集成创新或者说最基本的任务指标都是难以完成的。因此，考核标准也要分层次，对标对表，"先礼后兵"。在一定期限内，不做概略考核，要做坚定立场、坚定方向、坚定核心任务不松懈的考核。同时，鉴于思想政治教育具有与时俱进的特点，考核方式、指标也要根据任务的不同和进阶程度进行实事求是的调整。总而言之，赏罚分明也是促进高质量完成任务的一种手段和前提，有助于思想政治教育各方面任务得到可持续的、高效率的、有效的解决。

（二）任务的内涵

通常意义上的任务就是指应该担负的责任，以及需要完成的交派的工作。它一般发生在能动的双方之间，其中一方作为规划者、领导者或者师长之类的角色，就某一项工作交派给另一方，而承担工作的一方就是执行任务者。根据任务承担者、任务性质、任务大小、轻重、缓急，任务的层次、任务的内容、阶段等不同的角度审视，任务的划分非常复杂。如长期任务和短期任务，特殊任务和普通任务，战略任务和战术任务，工作量大的任务和工作量小的任务，针对人的任务和针对事的任务，推动自然科学技术进步的任务和推动哲学社会科学进步的任务，追求民族解放的任务和追求国家富裕的任务，阶段性的任务和持续性的任务，等等。总体来看，任务是人类社会进步的标志和推动力量，任务完成得好坏，决定了事物发展前进的程度。思想政治教育任务，显然是针对人的培养问题的任务，是长期的、艰巨的，是为了国家民族进步需要不断提出新的要求的战略任务。

（三）任务的作用

人类社会发展进步的实践证明，布置愈加明确、清晰的任务，完成质量越好，越能推动事物在短期内实现质的飞跃。究其原因，是因为任务本身具有的作用能够推动事物发展进步。具体而言，任务的作用大致可以分为以下几个方面。

第一，任务具有指向性作用。指向性的作用确定了任务完成的质量、数量、完成任务的前景、完成任务需要采取的路径选择。同时，也指向了任务的性质，从而确保人不犯方向性错误。

第二,任务具有规定性的作用。规定性的作用明确了完成指标及标准,明确了完成任务的技术路线,必须有效地解决的重点、难点,评价考核标准等。

第三,任务具有前瞻性的作用。前瞻性的作用是由任务本身决定的,因为无论何种性质的任务,其完成度的高低直接决定了事物下一步的进程。如果完成得好,就会在此基础上再发展、再进步;如果完成得不好,则需要在此情况下启用备案或者终止任务,尽量将损失降到最低。

六、思想政治教育其他学科视角

(一)借鉴了教育学的知识

教学活动是教育学体系的关键要素之一,教学活动包括课程内容的总体设计、课程活动的主体与客体、教学目标、教学手段、教学达成效果等部分。教学活动将德育与智育相统一,将教学触角伸出课堂、走出校园、深入社会。可以说教学活动的整个活动流程与教育学中对于教学活动的研究是不谋而合的,因此,要将教育学中关于教育规律和教育活动的基本原理借来参考和借鉴,从而构建出优质、高水平的思想政治教育教学体系。

教育学为思想政治教育对如何组建课程活动、开展实践活动提供了客观依据,并从教师的角度入手揭示教师如何规范地实施教学过程、学生如何高效地参与到教学活动当中,以为教学打造一套可遵从的规范,还必须要注意保持和教育学研究的核心内容相一致。要从教育学中的关注点,即通过德育来探讨内容、原则、方法和评价的确定。教育学中关于教学方式的论述,和思想政治教育教学中开展的形式多样的教学活动,引导学生将课本理论与实际相结合,达到实践育人的目的。这一点也是与教育学融会贯通的地方。

(二)与心理学相关

掌握心理学在教育中对人的影响过程是思想政治教育进行构建的基本点,这表明必须从根源上探讨如何通过构建教学体系,使学生在教学过程中达到所要求的思想政治品德,这一过程也反映出个体内心活动的变化和心理的起伏过程。在思想政治教育过程中，心理学的相关理论和方法能将学生思想品德形成过程的心理活动展现得淋漓尽致。深入挖掘如何构建切实可行的教学过程，可以揭示学生在教学活动中个体本身知、情、意、信、行等方面的心理变化。在分析研究这一过程的基础上，要抓住内部规律，构建适合学生心理特点的思想政治教育规律。除了发现学生在教学实践过程中思想品德形成的心理规律外，在这一过程中的心理学中需要、动机和意识的形成等相关论，也为思想政治教育的研究寻找了新的切入点，使构建的思想政治课教学具有全面性与广泛性，经得住各门学科的检验。

第二节　思政课程

一、高校思政课程的作用

（一）帮助学生树立正确的理想信念

通过思政理论课教学可以使学生完整地、准确地、科学地理解和把握马克思主义的科学理论，避免了对马克思主义理论片面的、肤浅的理解，同时也可以避免或减少个别学生用个别结论、现象代替或否定马克思主义的价值和真理性等。通过思政教育教师用科学的方法向学生讲授思政理论这一科学的内容，可以引导学生对科学的世界观和方法论的掌握，提高其在实践中运用马克思主义的立场、观点进行分析和有效解决实际问题的能力，并在实际运用过程中不断加深对马克思主义理论的理解，从而牢固树立正确的理想信念。比如"思想道德与法治"课第一章的内容，就是要引导学生树立正确的理想信念。

人们借助思政教育教学，把其实践过程中出现的种种现象、问题、关系都统一到一个有机体里，对其进行了全面的、整体性的分析阐释，从而能更好地认识和把握这一系统。把思政教育作为思维工具对教学进行指导，帮助学生树立正确的理想信念是研究范畴的重要内容，构建范畴体系，完善思维形态是教学理论研究的重要任务。通过思政教育教学指导教学实践活动，对保障大学生树立正确的理想信念有重要意义。

（二）促进了教学任务的高效完成

思政教学作为最基本指导的理论之一，其最重要的作用就是保障师生顺利、高效地完成思政课的教学任务。它能够使教师更加深刻地掌握这项教学实践活动的本质和规律，能够帮助学生更好地掌握教学内容，达到预定的教学目标和教学要求，从而取得良好的教学效果。

思政教育是我们认识此课程教学实践活动本质与规律的基础。思政教育教学是科学抽象和高度概括后的概念。人们通过对思政教育教学展开研究，可以树立正确的、科学的范畴体系，对教学实践活动有更深层次的认识，有助于揭示研究对象的本质和规律，对师生顺利、高效地完成教学任务有重要的保障作用。具体体现在两个方面。

①是研究思政理论课教学理论本质和规律的手段与工具，这一教学包含着已有的学科教学理论知识。通过思政教育教学的推演、概念的移植等方法，对教学领域的种种关系产生新的认识，归纳总结出思政教育教学过程中的新特性和关系，继而架构出新的范畴，由此产生新的理论。思政教育教学基本理论框架的发展创新基于范畴的产生和形成，而思政教育教学的产生和转化会对其教学理论产生新的变化。通过不断的研究和发展创新，可以对思政教育教学领域内的现象有一个新的认识，包括特性、关系，甚至是范畴的基本内容等都会有不同的认识，这就是促进思政教育教学理论体系完善和发展的新观念。

②是研究思政教育教学实践活动本质和规律的手段与工具。思政教育教学对教学实践活动具有基本的导向作用，它又反过来指导教学实践的发展。思政教育教学对教学的思维方式具有引导更新作用，使思维与时俱进。在对思政教育的研究、推演的基础上，产生出思政教育教学的具体内容，这实际上就是思维运动的结果。通过对已经存在的范畴进行进一步的探索，产生新的范畴并揭示其概念。通过对教学范畴不断深入研究，它能对教学中的各种现象的认识从感性上升到理论层面，为思政教育教学实践活动指明方向，确保师生顺利、高效地完成教学任务。

（三）提高了学生的思政觉悟

思政教育范畴是通过思维逻辑对具体的现象进行抽象化，而其功能则是把抽象的概念具体化，用以指导实践。换句话说，这一教学就是从逻辑层面展现了教学过程的系统性和整体性，从而构成教学理论的基础。

对思政教育的实践活动及相关的理论知识进行规范是思维从抽象上升到具体的通道，对思政理论课教学理论进行规范，可以保障大学生提高思政觉悟及坚定正确的政治方向。目前，随着教学手段的不断发展，实践活动内容多样，形式各异。教学作为理性认识和基本理论单元，每一环节的产生、变化、发展，对思政课程中的诸要素的位置、作用都有明确的规定，它对思政课程的指导作用，是教学效果和目的达成的保障。它在思政教育开始前对教师所采用的教学方式方法也具备指导作用，也是教学方向的重要影响因素，保证教学内容和对学生思想的引导方向是正确的，是与马克思主义所提倡的思想、政治、价值观念保持一致的，保证对大学生培养的是正确的价值理念和政治方向。学生通过思政教育教学范畴的研究探索，可以更好地掌握这门课程教学的理论知识，对提高大学生的思政觉悟及坚定正确的政治方向有保障作用。

二、思政课教学存在的问题

（一）教育观念方面

观念作为行动的先导，在不同的时代背景下所体现出来的内容也不尽相同。新时代背景下，高校教育工作者在教育过程中所表现出来的传统的教育观念，对于当代热衷于追求新颖事物的年轻一代，显得格格不入。

1. 教学观念陈旧

大部分教师对于教学过程中的模式和方法依旧是保留着传统教育的老套观念，对于运用新媒体、网络教育等学生所热衷的时代化产物接受度相对较差，将它们运用到教学过程中的成效也是微乎其微，无法物尽其用，不能充分发挥出教育的影响力。习近平总书记意识形态工作的重要论述所体现的科学观点和方法，是时代化背景下全党集体智慧的结晶，是在面对我国意识形态领域出现的新情况而做出的实事求是的正确思量和果断决策,正是因为其内容充分体现了时代化元素,才能更具针对性地处理和应对我国意识形态的各种问题和挑战。同时,高校应注重创新以人为本的教育理念。当前高校思想政治理论课大多以"百人大课"的形式开展,导致教师无法关注到学生的个体思想需求,降低了高校思政教育的实效。因此,高校思政教育者应多从时代化教育及新受众的思想行为特点入手,因材施教、实事求是地进行教学模式的创新思考。

2. 教学理念单一

对教育本质和教育价值的质疑——"什么是教育?为什么要教育?怎样教育?",无疑进一步对世人提出了未来教育何去何从,如何改变,教育理念成为绕不开的话题。教学理念的落后才是真正的落后,理念影响思政课教学,因此更新思政课教学理念对于当前高校思政课教学的发展至关重要。教育理念的现代化是教育现代化的灵魂,教育理念的转变,对制度的转变和内容方法的改革起到了促进作用。纵观我国教育史,以孔孟为主的儒家思想,衍生出的教学理念、教学模式延续至今,影响着一代又一代学者。清末民初民智开展、眼界拓展,国民睁眼看世界,开启了"器物—制度—思想"的学习,虽然引进西方教育制度,教育内容借鉴于西学,然而教育观念未曾改变。时代不断发展,世人对于教育理念的探索脚步却较为缓慢。根深蒂固、长期积淀的教学理念潜藏在人们头脑之中,难以动摇。随着"互联网+教育"理念的提出,势必会对传统的教育和学习模式造成冲击,对师生关系提出新一轮对的战。在个性化、互动性、开放性的"互联网+教育"大潮下,部分教师存在畏难情绪,在传统教学理念的影响下依旧采用传统教学模式,从而影响了高校思政课教学的创新性发展。

3. 师生观念陈旧

部分教师依然保持传统师生关系的旧观念,未能随时代的发展建立起新型的平等的师生关系,在教学过程中仍以严肃的形象和话语威慑学生,让其保持良好的课堂学习状态,学生有疑惑而不敢言,导致无法形成教育的良性互动。高校思想政治理论课内容本身较枯燥,加之师生间互动交流太少,思政教育的亲和力和说服力得不到彰显,就加深了学生对于思政教育枯燥刻板的印象。这也是影响思政教育成效的另一重要因素。

4. 存在形式主义观念

在"课程思政"教育模式的切实贯彻过程中，部分高校仍存在形式主义的问题。教师在教育过程中未能将思政知识内容有机地融入专业课程，存在思政教育与其他专业课仍然是两个独立部分的窘况。

（二）教育机制方面

健全且良好的机制是高校思政教育工作达到最佳成效的有效保障，可见健全的机制对于高校思政工作的重要意义。

1. 高校思政教育课程机制不完善

根据数据调查结果可知，90％的大学生是通过高校思政教育课堂接受思政知识的，由此可见，高校思政理论课发挥了极大的教育影响。但根据调查结果显示，部分高校对于教材的更新和最新政策、最新会议精神的传达不是很及时，这就造成了思政教育内容及会议精神内容传达的延时。作为思政教育的主渠道，高校思政理论课务必及时将马克思主义中国化的最新理论成果加入教材、贯穿课堂并扎根于学生心中。同时，前文所提到的，"课程思政"存在形式主义，同样是由于思政教育课程机制不完善，对课程思政的开展没有明确的制度规定。

2. 高校思政队伍考核机制不健全

高校思政教师是对大学生进行思政教育的主力军，因此务必要完善对思政教师工作内容和教育成效的考核机制，才能敦促其更好地开展教学和提升自身水平。目前，高校对于思想政治教师的考核重点依然是科研项目，以及论文发表数量等学术方面的内容，而真正作为思政教师核心工作内容的育人成效考核，以及自身思想素质、知识理论水平的考核却没有明确的制度规定。另外，高校的协同育人机制不完善。当前高校思政教育队伍的主要力量来自思政教师及辅导员老师队伍，并未做到全员育人，协同育人机制流于形式而未能切实贯彻，高校教育教学与思政教育的衔接度和配合度不高，无法凸显高校思政教育在高校育人工作的重要地位。

3. 思政教育网络化机制不健全

作为时代化背景下的新产物，网络以其便捷、迅速和高效的特点，成为思政教育的重要载体，不仅能够延长教学过程，同时也增强了教学影响。但在运用和监管过程中缺乏相关机制。一方面，从调查结果来看，一半的大学生对于学校是否开设网络思政教育平台并不明确，可见高校思政教育对于网络的运用机制及管理机制并没有深入学生心中，网络思政教育平台形同虚设，对其的运用和管理流于形式而非充分发挥其促进教育成效的作用，导致学生的认可度和接受度相对较弱；另一方面，习近平总书记关于意识形态工作的重要论述中强调了网络对意识形态工作建设的重要性，对于高校思政教育而言，更应该关注到网络的正负影响，在利用好网络的同时，也要注重完善高校网络防御机制和舆情预警机制。目前高校对于校园网络的监管没有形成成套、合理且科学的监管机制，对于校园网络疏于管理。在 2020 年疫情防控期间，各类高校大规模地运用起网络教学平台进行线上教育，但不免看出各级、各类高校在疫情出现时将网络运用于教学的仓促和生疏，可见高校在日常当中并未建立健全网络化教学体制机制。

（三）教学方面

1. 教学模式单一

当前我国大部分高校都在积极地进行课堂改革，部分学校探究出了新的教学方法，取得了明显的效果，但有一部分高校仍旧没有改变传统的教学方法。思政教育是教师和学生一起参与并且积极发生互动的过程。因此，在思政教育过程中，教师和学生都应该加入课堂中并且积极地进行交流。但部分教师在教学时仍然使用"满堂灌"的传统授课方法。这种传统的方法使教学变成了单一的输出，学生没有积极地参与到课堂中，从而导致学生对课堂内容没有兴趣并且也缺乏投入的热情，所以传统的授课方法不能很好地体现学生的自觉能动性和自主性。

2. 教学模式有待创新

事物只有不断更新换代，才能不被历史潮流所埋没，诸物皆如此。目前，思政课教学模式主要沿袭以往，其教学模式主要包括：填鸭式、陈述式、应试式、题海式、放羊式等。这些教学模式存在诸多弊端，在"互联网+教育"的时代背景下，显然已经跟不上时代的步伐，难以迎合新时代求新、求异、求趣的学生的心理需求，其结果势必会造成学生产生厌学、弃学等不良心理。学生在这些传统教学模式的课堂上，失去了求知学习的兴趣，造成教师课上讲的是一套，学生私下学习是一套，教者谆谆，学者渺渺的场景。传统教学模式普遍存在一个现象，就是并未真正贯彻"以人为本"这一教学理念，在思政课教学的过程中，忽视了学生的创造性、求知性、求异性。同时，这种教学模式也未能时刻把握学生学习动态，及时掌握学生的心理，易于将学生"边缘化"。这些陈旧的教学模式已严重影响高校思政课的教学质量。

新时代背景下的意识形态工作论述是在不断总结我国历届领导集体关于意识形态重要论述的基础上，结合我国实际国情与时代背景的新时代思想产物，充分体现了极具时代特色的创新性和与时俱进的特征。这样的时代性特征于高校而言应体现在教育模式的与时俱进的重要。一方面，新时代背景下的意识形态工作论述表明网络已经成为意识形态斗争的重要战场。大学生作为时代先锋产品的追随者，必然会受到网络信息的影响。在这样的现实背景下，已有不少高校响应时代的要求，建立起网络思政教育平台，但仍然有部分高校疏于网络思政教育平台的建设和发展，甚至有部分高校并未感悟到网络教育的重要意义、没能触及该领域，依旧保持传统的课堂讲授教学模式，导致教育模式呈现老化、无法吸引学生注意力、激发出学生对思想政治相关内容的学习兴趣。对此高校应及时响应时代要求，进化其教学模式。目前，翻转课堂、微课教学、慕课教学等都在其他学科上得到了积极的运用，同样在思政教育上也应该得的适当地运用。这其中就存在一个"度"的问题。思想政治教学内容的特性，教学科目的特点，学生年龄特点、学习能力等决定了应该使其有针对性地进行改进式发展，而不应该盲目仓促开展新的教学模式。另一方面，目前高校思政教育课程内容相对独立，"大思政"教育模式还未健全，未能全方位将思政教育的相关理论渗透到高校教育教学过程当中。

3. 教学主体应由教师向学生转变

我国思想政治教学的主体现今正处于一个变革的过程之中。尊师重道是我国教育的传统形式，从我国古代延续至今的传统观念决定了教师地位与学生地位的不平等。在新时代的教育和社会新的要求促使下，我国教育逐步由教师主体向学生主体转变。教师如何开展教学，如何认识学生、对待学生？这都要体现学生的主体性原则。学生应该不仅是学习的受体，更应该作为发挥主观能动性的主体。在思想政治教学积极倡导以学生为主体的大背景下，各学校积极开发新的教学模式以改革取代旧的以教师为主导的教学模式。

4. 教学内容老化，偏离实际

新时代背景下的意识形态工作论述彰显了时代化的特质。对于高校而言，时代化是思政教育的内在要求。高校向学生讲授了包括马克思主义理论及马克思主义中国化的内容，这些内容是马克思主义理论在中国时代化背景下的产物，彰显了强烈的时代特性。然而，从教育实践来看，高校思政教育在内容上并未充分反映和回应时代要求。尽管当前大多数的高校能够及时传达重大会议精神并及时更新思想政治教材内容，但仍然有部分高校忽视这一工作，导致思政教育内容依然是陈旧的理论，没有体现出时代化的特点，致使学生缺乏对国家新政策及会议精神的正确认识。

在我国高校部分教师能够做到将思政教育内容与具体实际相融合，发挥了思政教育积极的作用。但也有部分教师没有很好地了解学生，掌握学生的实际需求，在授课过程中只是照搬课本内容讲解理论，思政教育本来就是理论性比较强的课程，这样容易形成生硬和枯燥的感觉。学生在课堂中感觉无聊就会渐渐失去学习的热情，不能很好地融入思政教育课堂，对所学内容也无法进行积极的思考，其自觉能动性就很难真正体现出来。

5. 思想政治教学形式"以活动促动机"

教学内容的切实贯彻、教学任务的完成，总需要一定形式的课堂或者其他教学方法来实现。近年来学校教育开始注重以学生为主体，课堂形式的重心开始向与学生交流谈论为主偏移。为激发学生的学习动机，学校开始用一些奖品、积分等激发学生积极的状态，期望以此来激励学生认真学习知识、提高能力。其中活动式教学法作为一个比较新的教学方式得到很多学校的推崇。但事实上对于活动式教学也需要注意"度"的问题。活动是激发学生兴趣，引发学生独立动手实践完成任务的有效方式，可是如果在课堂活动中滥用往往本末倒置，引起负面效果。比如在政治课程中，新教材中插入了法治方面的内容。对于这一教学内容，课堂开展活动往往采取一些新形式的情景剧与图片等。这显然不适用于普及严肃理性的法治知识、引发法治意识和观念发展。因此对于教学形式的转变中教学内容、教学阶段的针对性问题还需进一步完善。而关于用活动等新颖形式激发学生学习动机的问题也需要进一步探讨。

（四）教师方面

1. 缺乏互联网思维

传统的高校思政教育过程中，教育者通常采用封闭、被动型的思维，但随着互联网的迅猛发展，各类互联网信息平台"各显神通"。在这个全面开放共享的时代，部分高校思政教育工作者跟不上形势，在初期始终无法接受"互联网+"的时代教育理念，缺乏现代互联网思维，甚至在教学中仍旧采用过去传统的教育理念。

2. 缺乏信息筛选能力

当前互联网信息平台中的信息资源鱼龙混杂，而高校思政教育工作者的筛选能力受自身知识水平的限制，导致互联网中信息平台中的"暴力信息""诈骗信息"及"消极信息"等，让许多教育工作者对互联网产生了消极情绪。

3. 缺乏利用互联网的能力

有的老教师不能充分利用互联网获取教学信息，不会用互联网信息平台进行教学资源的编辑整合，也不能熟练运用互联网信息平台进行思想政治网上教育。同时，不少思政教育工作者不了解新时代的网上语言，无法与大学生形成互动和共鸣。

（五）学生方面

要想高校思政教育顺利开展并达到期望成效，需要多方协同发力。其中最重要的就是教育者和受教育者双方的共同配合，在双向互动中完成教学任务并达到教学目标。

1. 自主能动性差

随着我国高校改革力度的普遍提升，所有高校对思政教育水平的提高都愈发地重视起来，并且纷纷对思政教育课程进行了课堂改革，改变了传统的单向传输的授课方法，创新思政教育方式方法，突出了学生的主体性地位，提高了大学生思想道德素养。但在进行课前预习的时候，仍有一些学生对于教师的安排过于依赖，不能独立完成学习计划和目标的设定，没有将其自身的自主性发挥出来。在学习过程中，仍然有部分学生已经习惯了传统的思政教育方法，只喜欢听教师讲课，不愿意主动思考问题。对于教师新的教学方法没有给予积极的反馈，对教师所教授的内容也没有进行积极的思考，表现出思维惰性，更不愿意与教师进行积极的互动交流。对于教师所讲的思想品德要求，也没有与自身进行对比反思，调整自身的不足，处于被动消极的状态，而且欠缺思考、怀疑的能力，不注重发挥自身的创造性。

思政教育对象的自主性表现在学生对教师所教授的内容和知识，进行自主学习、自主选择、自主吸收；学生在思政教育中积极参与活动，对于教师教的知识主动地、选择性地学习。在思政教育课堂中，大部分学生都能够自主地、有选择地学习思政教育内容，并内化为自己品德的一部分，但事实上也有部分学生对于所学内容相对比较消极，没有积极地进行选择。教师在课堂上努力地讲课，有的学生却不关心教师讲的内容，只是关心考试的内容，对思政教育内容缺乏思考，自主能力差，不能安排好学习计划和学习目标，没有将教师所教授的内容内化为自己的道德修养。

2. 缺乏创造性

思政教育对象的创造性是其自主性的另一个表现，是学生在反映教师所传授的信息和自身思想品德状况的基础上创造出的新东西。对于新的教学方法和教学形式，不仅学校和教师可以研究探索，学生也可以积极参与进来，充分发挥自觉能动性。然而在高校，是教师扛起了研究新的教学方法的重担，学生也没有积极参与研究的意识，未提出自己的意见和建议；在思政教育课堂上，有部分学生在学习及接受教师传递的信息的时候，采取消极的态度，没有与教师进行积极的互动。

3. 道德法律意识薄弱

互联网的开放性和共享性使得信息的发表和获取变得十分容易，表现出"无屏障性"的特点。同时，互联网信息平台给大学生提供了一个有匿名功能的虚拟空间，大学生可以隐藏自己的真实名字在平台中进行学习和信息的发表，他们可以不用在意他人的看法和评价。但由于缺乏相关法律规范，大学生不认为自己要为自己的某些言论负相应的法律责任，所以在微博、微信、公众号等平台中发表自己的观点和意见时，部分大学生受到其他思想的影响，也跟风发布一些不实的消息，带来的严重后果是大学生无法预料的。

4. 缺乏对思想政治科学理论的真实信仰

根据调查结果显示，大部分学生表示自己对高校思想政治课持积极主动的态度，但由于我国高校的教育体制，以及国家选拔类考试大多倾向于应试教育，因而呈现出重智轻德的现象。部分学生所表现出来的对思政教育积极的学习态度，是为应付考试或修学分，并非发自内心地接受思政教育知识，也并非真正信仰马克思主义等思想政治相关科学理论。由于教学模式和教学方法单一枯燥，与实际联系不紧密，造成了学生觉得思政教育相关科学理论"不实用"的心理暗示。加之信仰对象多样及家庭环境的影响，个别大学生甚至出现宗教信仰及伪科学等封建迷信的思想行为。

5. 缺失高层次的理想信念

随着改革开放的不断深入，社会的利益格局出现了深刻变革，人们对于自身利益的追求更为迫切。这是特定历史条件下社会发展的必然结果。值得注意的是，高校大学生由于思辨能力和知识储备所限，受社会环境的驱使，更多地将自身利益缩限于个人的物质利益，抛弃了对高尚理想信念的追求。部分大学生实现职业理想的目的是追求更好的自身利益和自身发展，这仅是低层次的自我理想，而并非为社会主义事业的建设贡献力量的伟大追求。

6. 价值观存在偏差

当前，大学生受享乐主义、个人主义等负面思想，以及功利主义、利己主义等影响，与我国所推崇的优良传统精神形成对立，并展开了对大学生思想激烈的争夺战。部分大学生受多元化价值观和思想的影响，出现了奢侈浪费、攀比心理等价值观问题，导致"校园借贷"时有发生；也有部分学生作为学生干部思想腐化，为学生服务意识较弱。

三、思政课程体系构建

（一）课程体系内涵

课程体系如果从"体系"的角度直观理解，那么可以认为是课程的系统化存在，对应每一个专业，就是所在专业对教什么进行的整体性安排。但事实上，教育学界对课程体系的认识相对多元且复杂，其中相对具有代表性的定义，是将课程体系和课程结构等而视之，时而混用，认为课程体系也是课程结构。明确和建构完善科学的课程体系，是人才培养的前提条件之一。

（二）课程体系的构成及作用

普通高等院校课程体系由目标要素、内容要素和过程要素三大部分构成，其作用也就此被决定。综合来看，首先，课程体系在人才培养方面具有指向性作用。诚如其内涵的目标要素，课程体系关于人才培养目标的设定，内在确定了培养方向，是各个专业显示区分度的首要标志。以化学教育和化学工程两个专业为例，在人才培养的定位上，化学教育侧重大学或者中学师资力量培养，化学工程则侧重化工类人才队伍的培养，所以，两者的课程体系在培养目标上的差异，就决定了培养方向的差异。其次，课程体系在人才培养方面具有规定性作用。规定性是由指向性衍生而来，方向不一致，培养路径、培养方法、培养内容显然就会有所差别，其中内涵的内容要素具有决定性，所以，专业人才是由不同的培养内容决定的。最后，课程体系在人才培养方面也具有引领作用。课程体系往往先于教学体系设定，也就是说，某一个专业及其相关人才培养的计划一旦制订，首要的必须规范课程体系。如果时代变化，课程体系一成不变，那么就失去了专业人才培养的社会意义，该专业也就走到了被淘汰的边缘。反之，如果课程体系因时而变，顺应社会发展现实，以社会需要作为课程体系优化完善的依据，那么从这个意义上，课程体系就具有引领性作用。

（三）课程体系构建原则

课程体系构建务必遵循几个原则。

①以学生为中心的原则。任何一个专业在设置初衷上都要围绕学生进行建设，培养方案也不例外。如果培养方案无视学生核心素养的发展完善，那么就是失败的培养方案。

②坚持实事求是的原则。由于课程体系是一套复杂的系统，所以培养方案必须坚持实事求是的原则，否则就会损害学生或者教师的利益。比如思政理论教育专业的课程体系先后经过了多次修订，修订的缘由不是凭空出现，而是应社会发展和时代需要。

③尊重专业发展规律的原则。虽然课程体系中培养方案会随着社会和时代变化有所调整，但事实上，作为核心的规定性要素务必坚持做到守正创新。

依然以思政教育专业为例，培养方案中可以添加时代发展需要的内容，也可以根据学院学科教师实际，增减一些课程。但无论怎样，该专业的核心类课程不能变，如果变了，专业名称也就变了，培养方向也就变了，这显然有悖专业开设的初衷。为此，尊重专业发展规律，守住专业的专业性，使其成为有别于其他专业的专业，显然需要在培养方案上坚持应该坚持的，尊重应该尊重的。

(四) 思政教育理论课程体系

思政教育理论课程体系是由各门思政理论课程构成的有机系统，主要包括公共必修课课程系列和专业课课程系列。中华人民共和国成立以来，思政理论课程体系经过了《关于改革学校思想品德和政治理论课程教学的通知》（简称"85"方案）、《关于普通高等学校"两课"课程设置的规定及其实施工作的意见》（简称"98"方案）、《〈中共中央宣传部关于进一步加强和改进高等学校思想政治理论课的意见〉的实施方案》（简称"05"方案）的演进过程。当前我国施行的就是"05方案"。鉴于课程体系构成的复杂性，加上面对的教育对象不同，所以，在提高教育教学实效性的问题上，需要分而视之，与之相对应，在课程体系构建方面，也需要采取不同的路径，以求得马克思主义理论课程体系构建的最优解。思政课程体系的优化完善可以从以下几点入手。

①优化完善教学内容，确保各门课质量双升。虽然各门课程的学时设定有着明确依据，然而各位教师教学风格、教学重点、教学组织等各有差

异，因此在有些老师看来，学时不够的情况依然存在。面对这种矛盾，急需各个学校以教研室为单位，就所带课程进行创新式的集体备课，就教学内容、教学组织、教学质量等问题进行集中研讨，优化教学内容，设计教学路线，交流教学方法，确保各门课程的学习内容不打折，教学效果有保障。

②根据实际可以进行课程内部结构的优化组合。当前的本科阶段教学中，"毛泽东思想和中国特色社会主义理论体系概论"课程讲授内容多，牵涉面广，教师普遍反映无法面面俱到，因此，专题式教学在各个普通高等院校被普遍应用。专题式教学的好处是内容聚焦，便利教师重新组织课程和教材内容，在聚焦重点、难点的基础上，也能尽可能做到内容的全覆盖。

③在内容和结构上进一步优化、完善研究生思政理论公共课程，提高研究生思政理论教学质量。目前思政理论课的改革聚焦大学生本专科阶段，研究生阶段的改革相对较少。究其缘由，在很多教师看来，研究生阶段的教育教学相对灵活，专题式教学占主要地位，加之错误地认为研究生的学业任务较重，教育培养的重点和本、专科生有区别，因此，在思想意识和对自己的要求上多少有些松懈。为此，需要纠正并加强研究生阶段的思政理论课课程体系建设，内容和结构上着手，优化完善不足之处，确保研究生群体在知识积累越加厚实的基础上，在学习、生活、工作中不犯方向性、战略性错误。

④"思政理论课实践教学"和"形势与政策"课务必是在与理论课有机结合的基础上开设，确保它们的关联性、一致性、补充性和全面性。当前部分普通高等院校的这两门课程虽有开设，但事实上铸魂育人的效果不是特别明显。究其原因，一方面是部分学校将这两门课程划拨给了被团委、学生处的老师，以及辅导员、班主任队伍，由此难以保证这两门课程与其他几门理论课程在体系上的完整性。另一方面，由于代课教师的学历背景、教学水平、认知能力等千差万别，所以导致两门课程的主渠道、主阵地作用的发挥成为疑问。因此，在课程体系优化完善方面，急需改变这一现状和设置上的短板，否则从全局意义上来说，就破坏了国家制定的既有的课程体系，显然于情于理都是需要思考的一个问题。

⑤聚焦国家和社会发展需要优化完善课程体系。马克思主义理论专业

课程体系并不是一成不变的，需要根据时代变化和社会发展需要与时俱进。比如20世纪八九十年代，该专业的培养计划需要偏重设置一些西方哲学社会科学方面的课程，因为当时的中国需要去更多、更迫切地了解世界。时至今日，培养计划中除了中西方思想文化交流方面的课程有必要保留并修订之外，更需要根据变化了的国际局势及正在变化的中国，开设并加强服务于中华民族伟大复兴的课程，服务于坚定"四个自信"等的课程，如此才能保证培养出来的学生跟得上时代发展需要，更好地服务于国家各方面的建设。

⑥聚焦人才培养定位和目标优化完善课程体系。由于我国的大学是划分层次和划分类别的，因此，同样开设马克思主义理论专业，但每个学校的人才培养定位和目标都会呈现出差别。比方说本科院校和专科院校、师范类院校和综合类院校、理工农医类院校和文科为主的院校，他们的人才培养定位和目标均不尽一致。在这种情况下，相对应的培养方案及由此设定的课程体系就应该有所区别和侧重。比如作为综合类院校的重点马克思主义学院和师范类院校的重点马克思主义学院，其培养方案绝不能完全一致，如果完全一致，就违背了两个学校的设置初衷，也违背了两个学校的建设发展方向。在此情况下，综合类院校根据其人才培养定位和目标，所建构的课程体系就要把视野扩展得更大一些，不能局限于师范类人才的定位和培养。同理，师范类院校根据其人才培养定位和目标，所建构的课程体系就要把眼光聚焦得更专业一些。坚决反对无视人才培养定位和目标，在培养计划中建构大而全，不能凸显学校和行业特色的课程体系。

四、思政课程教学体系构建

（一）教学体系构建原则

既然教学体系是一个有机组合的运作整体，那么，就教学体系构建而言，务必依据教学体系的特点，在教师队伍、教学场域、教学内容等方面进行相对应的、科学的、符合规律的改革与规范。具体来说，教学体系的构建需要坚持以下几个原则。

1. 坚持依据教师队伍实际进行教学

从宏观角度审视教师队伍，主要是从较大区域范围的角度观察区域内思政理论课教师的实际情况，主要看数量、结构、学历、培养体系、梯队建设、培养机制等问题。这些方面的矛盾处理得好的地方，集成创新的基础和前景就比较光明，这些方面的矛盾处理不好的地方，集成创新的基础和前景就需要发挥创造性，努力加以有效解决。

从中观角度审视教师队伍，主要是从一个学校的角度观察学校思政理论课教师的实际情况，除了看数量、结构之外，也要看本校的培养体系、梯队建设、培养机制等问题，特别要观察学校范围内思政课教师的成长发展问题，创造出一个留得住，愿意干，争着干的环境和氛围，为思政课教师队伍的稳定发展创造出良好的发展空间。

从微观角度审视教师队伍，主要看每一个体的学历背景、优点不足及发展特点和个人实际。要对教师进行区别化培养，精准式推进，要把教师个体的实际和他能所担负的任务有机统筹，在最大化各自优势的基础上进行集成创新，只有把教学和科研方面的某一类难题交给最适合创新的团队或个体，才能实现人才队伍资源开发创造的最大化。

2. 坚持依据教材和学情进行教学

依据教材和学情进行集成创新的目的在于保证创新的方向和步骤，脱离教材进行任何形式的创新，思政理论课就有可能变成"鸡汤课"，也会大概率脱离思政教育理论课的本质。比如就"中国近现代史纲要"而言，如果脱离教材进行创新，那么就可能把这门课程当历史课来讲，而忘记了这门课程的本质和核心任务，毕竟这门课不是历史课，而是政治课，是让学生理解"四个选择"等中国近现代历史上事关国运的重大问题的一门课程。对"思想道德与法治"课程而言，如果脱离教材，大概率变成"鸡汤课"。所谓"鸡汤课"就是没有营养价值的课。为此，必须依据教材进行集成创新。同时也要依据学情进行创新，学情是教学创新改革能否正常开展的前提，无视学情创新，大概率事倍功半，见不到实效，浪费各类资源。比如对于理工科学生和文科学生，不能适用统一的教学模式和教学方法，无论是资源配置还是讲授方式，以及任务安排都要体现出学情的实际，反之，所谓的集成创新距离初始目标就会越来越远。

3. 坚持依据教学反馈进行教学

依据教学反馈进行集成创新是一个及时互动、不断调适，争取让教学不断得到进步的过程。所以，教学反馈要确保及时性和长效性，即一方面在较短区间内讲究及时反馈，一方面在较长区间内讲究跟踪反馈。也要确保其科学性和合理性，要在尊重思政教育教学的基础上进行评价和反馈，反对"一刀切"的评价反馈，反对不顾及实际学科特点的评价反馈。教学反馈也要注意全面性和综合性，确保教学反馈不是单独的、片面的评价，要确保学生的主体地位，要将专家意见和学生意见，以及其他听课老师的意见综合全面，实事求是地反映出来，否则也会给教师本人带来不必要的浪费和偏差性引导。

（二）教师队伍的培养

术业精专是当好思政课教师的第一条件，但不是唯一条件，因为无论是思政教育教学工作，还是更大范围的思政教育工作，都因为其阶级性、整体性、人民性等特点，而要求思政课教师队伍必须厚植家国情怀。没有家国情怀，就做不好思政课教师。为此，要在习近平总书记提出的"四有"[①]好老师的基础上，更进一步严格要求自己。在培训培育问题上，将"六要"[②]严标准作为自己成长的方向，一定要与祖国同呼吸共命运，与学生心连心，与人民同进退，做"政治要强"的好教员，坚定信仰，站稳政治立场，保持清醒的政治头脑；做"情怀要深"的好教员，心系家国，关注民生，向人民群众学习，践行以人民为中心的思想；做"思维要新"的好教员，坚定理想信念，创新教学方式方法，坚持马克思主义认识论和方法论；做"视野要广"的好教员，不断加深自己的知识视野、国际视野和历史视野，做理论上的明白人，实践中的引路人；做"自律要严"的好教员，知行合一，秉持正义，敢于亮剑，传播美好；做"人格要正"的好教员，用高尚的人格魅力和真理的力量，做好凝聚学生，感染学生和团结学生的工作。

---

① 2014 年第 30 个教师节前夕，习近平总书记考察北京师范大学时勉励广大师生的讲话。
② 2019 年 3 月 18 日，习近平在北京主持召开学校思想政治理论课教师座谈会的重要讲话。

(三) 教学场域的情景构建

"场域"概念来源于法国社会学家皮埃尔·布尔迪厄（Pierre Bourdieu），"指的就是那种相对自主的空间，那种具有自身法则的小世界。"① 教学场域作为一个微观环境，其组成者主要包括教师和学生两部分，在此场域中，教师和学生之间，以及学生和学生之间的关系互动及质量，决定了教学实效性的高低，若想实现更加令人期待的实效性，则需要就师生之间和学生之间的关系进行集成创新，建构和谐共进的教学场域，促进思政教育教学能够不断满足师生和社会多方面的期待。

1. 建构公平正义的教学场域

思政课教师务必建立公平正义的教学场域，以公平正义凝聚学生和号召学生。自古以来，中国人对社会的认知有一个最基本的法则，那就是"不患寡而患不均"②，中国人对公平正义的追求是刻在骨子里的。对于学生而言，在本就存在差异性的竞争条件下，一位老师如果做不到公平正义，那么学生就会出现心理排斥，如果一个思政课老师做不到公平正义，学生不但会排斥，甚至会无视。为此，作为思政课教师，必须在教育教学活动中坚持公平正义的原则，即便只是上了8个课时，认识不全所有的学生，但这一法也不能动摇。如果一位思政课老师做不到公平正义，就会影响其他思政课老师在其他学期的印象，最终影响思政课的整体教育效果，影响主渠道的教学实效。目前来说，影响公平正义的主要表现为以下两点。

①价值观不正确，以金钱、地位等作为衡量人生价值的标准，在教学和生活中，不自觉地表现出拜金主义，学生发觉或者意识到这个情况之后，就会对教师的印象大打折扣，上课时候对这个老师教授的所有内容也就不以为然了。

②在评价环节优亲厚友，对"关系户"学生格外照顾。如果这个学生本身足够优秀，其他学生不会有意见，但如果这个学生如果没有做出令人信服的成绩，则会在更大范围内影响学生对社会的判断。

---

① [法] 皮埃尔·布尔迪厄著. 科学的社会用途——写给科学场的临床社会学 [M] 刘成富，张艳译. 南京：南京大学出版社，2005.
② 孔子在《论语·季民第十六》

上述两种情况，看似是小事，实则在学生心目中是大事，直接决定着师生关系和学生间关系的和谐，继而导致人心丧失，学生对教学和上课产生排斥心理，没有任何乐趣可言。当这种认知传染开来，无论这个教师如何有才，也不会再具有号召力、凝聚力和吸引力了。

2. 建构科学高效的教学场域

科学高效的教学场域能够确保学生学有所得，确保教师教有所获，师生双方同时得到价值实现。为此，科学高效的场域构建务必做好以下几个方面的工作。一是教材体系到教学体系的成功转化，这种转化的成功能够避免照本宣科，避免全堂灌输，避免单一枯燥的讲授，能够将教学重点、难点和教学目标与时代相结合，与学生相结合，与国情相结合，从而使得学生身临其境，感同身受，自觉与祖国人民同呼吸共命运，自觉将人生价值的实现与国家人民的富强幸福有机结合在一起。二是尊重学生成长规律和教育教学基本规律，辅之以特殊事情特殊处理，应用科学合理的方法路径为实现思政教育的目的而努力。三是把握思政教育的特征，学会灵活应用思政教育方法，完成思政教育的主要任务。依据学科特点，坚持诸多方法的灵活应用，是建构科学高效教学场域的基本要求。只有如此，才能确保师生得在其中。

3. 建构危机管控的教学场域

教学场域是一个密闭狭窄的空间，由于师生之间、学生之间的交流互动而构成一个交往共同体，由此决定矛盾的必然性。作为教师，必须做好场域管控，否则会给多方带来不必要的损失。其中突发性危机事件最为考验思政课教师的教学场域管控和创新的能力。为此，合理利用场域内突发事件，进行积极转化，避免消极共振，能够在"谈笑间"给学生以巨大的心理震撼，从而达到思政教育特别强调的立德树人效果。"教育是一种技术，更是一种艺术，教育工作兼具技术性和艺术性。"比如学生在课堂玩手机早已司空见惯，很多学校为了杜绝这一现象，采用非常之法，课前收缴集中者有之，不准带入课堂者有之，严厉处罚者亦有之。笔者对此类方法并不认同，也不赞成为了提高抬头率而强制学生不带手机或者收缴手机，而是应该对玩手机者进行积极正面引导，帮助他们走到认真、自觉听课的路上来。科学高效的教学场域建构能够确保师生得在其中，能够有效促进师生双方走上良性循环道路。

（四）教学内容的取舍整合

思政教育学科的教学内容涉及庞杂宏大，自然科学、哲学社会科学多少都有所涉及。比如《大国工匠》纪录片是一部非常好的思政教育素材，其中理工科知识非常多，那么，应该如何将这个素材与课堂教学紧密联系、与教学目标有机融入，则考验思政课教师的取舍整合能力。为此，需要做到以下两个方面。

1. 延伸视野，扩大知识面，不说外行话，与学生同进步

思政课教师必须扩大视野，根据习近平总书记要求的那样，做到"视野要广"，上知天文下知地理，左眼观国内，右眼察世界，心中装人民。理工农医方面的知识必须了解一些，可以利用当前智能手机平台，各类公众号都需要关注一下，特别是科技前沿的问题；人类社会在科学领域取得重大突破的新闻，都要了解一些，如果学生问到了，至少不说外行话，即使掌握得不精确，但也要做到不犯错误、不胡说；对文学、语言、管理、经济类的知识则尽量做到能够与学生对话的程度；对于哲学、历史、教育学、心理学等与思政教育密切联系的学科，则必须做到精通的程度，否则就真的无法应对教学内容越来越丰富、教学要求越来越高的现实了。

2. 根据教学目标和自我知识面确定讲解内容的宽度和深度，有缺则补

如前所述，思政教育教学的内容涉及面广量大，在有限的教学时间之中，难以完成所有教学内容，为此需要去粗取精，将教材体系转化为教学体系。其中涉及内容取舍的问题，则要注意以下几个方面，第一是取舍原则，重点内容坚决讲深、讲透，与核心目标具有较高支持度和关联度的内容不能丢弃；第二，取舍不是简单的减法，而是综合应用之法，即将教材中的内容根据授课习惯和厘定的逻辑，重新进行排列组合，该粗则粗讲，该细则细讲，不能随心所欲丢掉和舍弃，注重充分利用其中的素材，注意各部分内容的衔接；第三，要在有限的教学时间中完成规定的教学内容，不能只讲一半或重点讲某一部分。受制于教育背景和教学能力，思政课教师对教学内容一定要在原则指导下，灵活处理，对于自己不熟悉的领域要督促学习，该补课的地方要补课，坚持活到老学到老，杜绝一本教案用到底、一个案例一辈子。需要根据变化了的教材和时代、变化了的学情和矛盾，有针对性地学习，扩大知识面，加强知识储备的宽度和深度，真正做到学高为师，行为世范。

（五）教学方法的综合应用

1. 确定好思政理论课教学方法选择的原则

选取教学方法的原则，一是根据教学内容选择教学方法。有些内容适合感染教育的方法，比如理想信念的问题，如果将先进人物和榜样的光辉事迹采用多种艺术化的表达方式，那么就会更容易感染人。每年岁末年初的《感动中国》栏目就是一种很好的实践。当然，限于时间、地点和条件，有些内容无法充分展示，因此，也可以结合其他方法进行教学。二是根据教育对象选择教学方法。本、专科学生学情不一样，理工科学生和文科类学生的学情也不一致，西部地区学生和东部地区学生的学情亦有差异，根据教学对象不一致，在讲授过程中，既需要全面观照其特殊性，也要保证其一般性。三是根据具体目标任务和内容的不同选择教学方法。要做到灵活应用和综合使用有效的教学方法，尽量不采用"一刀切"的简单化的教学方法，该使用比较教育法的时候用比较教育法，该使用激励教育法的时候使用激励教育法，要根据时代要求和学生期待，使用适合的教育教学方法。

2. 不断提高信息交流素养和能力，将小课堂与大社会相连接

当前的网络信息时代，部分思政课教师信息搜集处理和判断应用的能力较弱，意愿不强，很难适应学生走到哪里，思政教育就要跟进到哪里的时代要求。就网络思政教育理念和方法而言，部分老师虽然知道学生都在使用网络，但迫于自己没有信息跟进和观点表达能力，也就无从做到引导和教育。如此一来，小课堂的教育教学成效难以体现，毕竟不是每个学生都能在一节课之内就能消化和吸收，何况思政教育还是一种润物无声的集合理论与实践案例，是知行合一的教育。为此，思政课教师需要不断提高信息交流的素养和能力，以便在课下课外吸收最新的理论成果，与时代同节拍、与学生同视角，将小课堂与大社会有机联系起来，促进课堂教学生命力不断获得延伸和成长。

（六）教学效果的考核反馈

做好教学效果的考核反馈是提高思政课教学实效性的必然举措。科学

合理的考核反馈能够起到导向作用、鉴定作用、激励作用、选拔作用和咨询作用。不科学、违背规律的考核反馈既不利于教师成长，也不利于学科发展，更会损害课堂教学，出现"多输"的局面。为此，做到科学合理的考核反馈，既是做好集成创新的前提条件，也是集成创新的题中应有之意。

1. 学生评价应该居于考核反馈的中心地位

教学是师生双方互动的，集合知识性、传承性、创造性等于一体的实践互动。因此，对于教师教学活动的评价，必须确立以学生为核心，在考核权重方面予以倾斜。当前有些学校对教师的教学评价非常注重专家考核，专家考核的权重明显高于学生的评价权重（此种做法的初衷是担心教师贿赂学生，但其错误在于忘记了学生是教学实践过程中的利益相关者。每个学生都是一个独立的人，教学的良知和公正，必然会存在于社会的公众之中和悠长的历史之中，没有哪位学生会对不负责任的教师产生好感的，因为不负责任的教师损害了他们的利益）。在专家考核反馈中，细分评价指标，对教学过程性指标权重予以细化和重视，强制要求教师对整个教学过程进行留痕操作，导致教师疲于应付这些书面材料，有些教师甚至不得不造假应付。反之，学生的评价考核只有印象分（总体分），没有专项评价分，权重很低。这种考核无视教学的主体感受，既做不到对教师的尊重，也做不到对学生的尊重，有违教学规律，过于强调第三方的所谓的客观评价，无疑是不科学也是不合理的。

2. 考核反馈必须尊重思政理论课的特殊性

当前部分学校对思政理论课教学的考核评价采取"一刀切"考核反馈，也就是无视思政教育学科的特殊性，将其与知识性学习为主的专业课程拉在一起考核评定。这种考核无疑是不科学的，也降低了思政教育学科的社会价值和存在意义。"一刀切"的主要做法是考核指标及权重的一致性，而使用何种教材就是一项考核指标。当前思政理论公共课采用通用教材，但在考核专家的打分表上，被考核对象的这一项分数各不一致，让人啼笑皆非。考核专家组成也在部分学校存在"一刀切"的现象，文理科专家混编成组，这种"一刀切"对任何一门学科都是不公平的。为此，如果要做到集成创新，必须在考核反馈环节做到特殊性和一般性的有机结合，不能仅仅从一般性出发，不考虑思政教育学科的特殊性。针对考核反馈，教务处、学生处、马克思主义学院等要协同配合，将考核力量最大化，组成专业考核团队，与学生一起进行考核反馈，抓常态化、抓制度化、抓根本、抓立场，而不仅仅是一些细枝末节的督查。在考核指标和权重问题上，从课堂出发，以学生为主，围绕课堂教学进行考核，如此才能真实反映出一位思政课教师的真实教学水平。

五、思政课程教学原则

（一）坚持人本原则

坚持人本原则就是坚持贴近主体之一的受教育者群体。大量具有重复性的精准社会调查均证明，现如今我国青年大学生的政治素养和思想教育水平总体来说较为良好。他们在日常生活和学习中思想活跃、拥护中国共产党、热爱祖国，并在社会和学校的双重影响下成长为对中国道路、理论、制度、文化等方面充满自信的社会中坚力量，并且坚信社会主义现代化的伟大蓝图和中华民族伟大复兴的壮阔目标能够实现。可是，在我国部分高校大学生思想同样也面临着冲击和挑战，而且逐渐受到一些拜金主义和民族虚无主义的影响。作为思想政治教育理论传播载体的高校如果不能够深刻认识到要贴近青年大学生，彻底了解他们的思想变动历程的重要性，那就只能被认为是进行"灌输式"的填鸭教育。教师应更进一步地与学生沟通交流，运用全新的教育教学方法来了解青年群体的思想症结、心理诉求，将自己置身于青年学子的群体中去，才能在生活和学习中与他们进行更好的交流和沟通，达到教育双方的相互理解和支持。

（二）坚持实事求是

思想政治教育的重点是做人的工作，受家庭、学校和社会等各方面因素的影响，新时代下高校大学生的成长发展呈现出崭新的特点。这就要求教育者在教育过程中不能千篇一律，毫无生气，而应切实遵循高校大学生的成长规律，时刻关注学生的思想实际和身心特点，注重人性关怀，了解学生的成长需要，并让学生从思想政治教育中有所进步，增强其受教获得感。

群众作为社会的主人，其本质是一切社会关系的总和。因此，群众个体所拥有的社会关系及社会意识等因素，不仅会对群众思想的变化发展产生影响，而且还会对其起到制约的作用。思想政治教育对于群众个体与群体的思想转化都要加以重视，并且要重视社会风气以及舆论能够起到的作用。这就要求，思想政治教育的出发点与立足点一定要是社会发展的实际，以及群众的思想问题现状，不仅应该将群众看成是一个整体，在相同的起点上进行教育，还应该对千差万别的群众思想问题深入细致地进行研究，并对其加以有效地解决。这样一来，就能够让理论与实践紧密地联系起来，让思想政治教育本身的针对性及有效性得到增强。要想能够对群众思想发展变化的规律有准确的了解与掌握，那么就只能与实际紧密贴合，做好与之相关的调查研究工作，让思想政治教育的针对性、系统性及创造性不断得到增强。

（三）强化融会贯通

思想政治教育话语是一种言语符号，促进高校大学生和高校教师之间的有效交流与沟通是它最重要的任务，是顺利开展思想政治教育工作必不可少的媒介。高校思想政治工作者善于巧妙、艺术地运用思想政治教育话语亦是必需。

当下，思想政治理论课面临的一个十分尖锐的问题就是实效性，也就是教学目标要求的实现程度不强。不言而喻，这与思想政治教育话语是密不可分的。其一，思想政治理论话语应当是具有显著时代性的，不同的话语体系体现的是不同的时代特征。因此，其话语内容应当在意识形态一元化的基础上被赋予新的时代内涵，长期偏离时代、形式单一是不利于新时代下高校思想政治工作的开展的。其二，思想政治理论课的教材话语惯用严肃的政治话语去表述党的路线、方针、政策，运用深奥的政治理论去解释晦涩的理论，具有极强的政治权威性。但事实上，在思想政治教育过程中，学生更倾向用大众化、生活化的学习方式和借助日常生活话语，来表达自己的思想观念和思路见解，而单纯使用控制式、劝说式的方法和文本色彩太过浓厚的教材术语，就很难激起学生的兴趣热情、心灵共鸣和价值认同。其三，新媒体时代背景下的高校大学生追求个性化、差异化和独立性，主体意识日趋增强，对于思想政治话语，他们在客观事实上接受只是基础，但更根本的应是价值认同和信仰性接受。尤其马克思主义理论体系具有丰富的内涵，如果教师在授课过程中话语不经转换，只是照本宣科、原封不动地对高校大学生进行理论灌输或政治宣讲，不仅科学理论的丰富内涵没有得到深入的解读，而且会引发学生的排斥感和逆反心理，相应的教学效果也会下降。为此，新时代下如何契合高校大学生的学习诉求，恰当合理地转变调适话语方式，运用学生能听懂听进的、喜闻乐见的、易于接受的话语表达来传递一些宏大权威的政策、文件、理论话语，将思想政治理论转化为遵循学生成长规律、适应学生发展特点的教学话语，使之成为对学生成长管用的道理，已成为提升思想政治理论课实效性的关键之一。高校思想政治教学语言应是面向高校大学生生活实际和内心世界的，并且在关注他们兴趣爱好的同时，也应给予学生一定的空间和更多的话语权，以充分表达自己的声音，阐释自己的独特见解和思想理念。只有这样，才能让思想政治教学更加有生命力、有意义、有活力。

实干圆梦、实干兴邦，离开了实践，再好的思想政治教育都是空中楼阁，昙花一现。就"重视实践"这一观点，历届国家领导人不厌其烦地多次强调过，即使到了新时代的今天也仍然大有裨益。高校思想政治教学要想让高校大学生将理论知识转化为现实行动，离不了实践教学。思想政治教学应实现理论教学与实践教学相结合，通过课中实践、社会实践等方式提高高校大学生的综合素质。一方面，参加校内外实践可以让学生在奉献社会的过程中认识到自己的价值，在切实的自我体验过程中有所感悟，从而转化为融入自己血液的道德认知和与之相适应的道德行为。另一方面，参加实践活动可以让学生看到、了解到很多没有接触过的事物，帮助学生开阔视野，增强有效解决疑难问题的能力，把在校学习的理论运用到实践，也能及早发现自己与工作岗位所需的素质之间的差距，并更加珍惜校园生活，及时弥补和充电。

除此之外，虽然高校大学生在校的主要时间和任务是接受课堂教学，但作为教育者不能局限于书本知识，只关注理论灌输。由于社会环境、校园文化和教师的有效引导等因素的影响，学生对于课外甚至校外的活动热情日趋高涨，自身的实践能力也在逐步提升，这都为高校实践教育奠定了很好的基础。因此，在思想政治工作中，教师们可以充分利用生活中那些能够引发人感动和思索的事迹，并以此来作为引导让学生得到启发。为增强学生的社会责任感,教师还要注重引导学生深入社会、了解社会,根据学生的实践需求组织学生参与活动,实现知行合一。

(四) 正确把握思政工作的方向

新时代高校大学生的思想受社会关系和社会环境的影响程度不容小觑,尤其是在自媒体环境下,各种网络信息环绕在高校大学生周围且快速散播,各方面的因素都影响着他们价值观的形成,而且人的思想也具有可塑性,这就需要我们在发现问题时及时做好思想政治教育工作。但事实上,让思想政治教育的内容完全走进学生的头脑中并不是一件容易的事,高校思想政治教育工作者应从"心"出发,从培养学生政治认同、思想认同和情感认同三个层次,推进中国共产党党员认知、认同教育,由浅入深、逐渐升华,通过培养学生的光荣感、使命感和坚定学生理想信念的方式确保思想政治教育工作方向准确,让学生正确的思想观念得以养成。

第三节　思政课程实践教学

一、思政课程实践教学的含义

思政课程实践教学,顾名思义就是在思政课程理论教学全部完成的前提下,通过各种形式的具体实践途径,让学生进行体验和反思,进而达到对思政课程课堂所学理论知识的消化、吸收,进而内化为学生自己的理念和价值观,外化为学生的具体行为,真正实现学以致用,同时帮助学生培养和树立马克思主义的世界观和方法论,成为优秀的新时代建设者和接班人。

思政课程实践教学的含义是多种不同方式的组合或者说结合,具体来说就是思政课程课堂实践、校园实践和社会实践三种实践方式的结合。

课堂实践是指在思政课程的课堂教学过程中,思政课程教师组织学生在课堂上开展诸如小组讨论、主题辩论、演讲、历史情景剧等活动,让学生运用思政课程所学的理论知识对某一个具体问题进行分析，提升学生对生活、对问题的思辨能力和解决问题的能力。

校园实践是指在高等院校校内通过各类社团组织或者与学校各个部门合作，如图书馆、团委等，在校内开展各种类型的校园文化、宿舍文化、班级文化和社团文化建设活动，让学生在参与学校的集体活动中提升团队意识和协作能力，提高自身的综合素养。

社会实践是指学生利用课余时间或者寒暑假，在校外进行志愿服务、社会调研、义务劳动、岗位见习、参观访问等活动，了解群众的冷暖疾苦，体察社情民情，让学生在社会参与中加深对社会的认识了解和情感体验，激发学生爱祖国、爱家乡的热情，培育和增强学生的社会责任感。

二、思政课程实践教学的意义

（一）有利于培养高素质技能型人才

思政课程实践教学不只是课堂的辩论和演讲，更多的是校内外具体社会活动的参与。具体来说，思政课程的实践教学能够让大学生有机会接触社会，参与社会活动，真实体察社会生活，在社会生活中领会和感悟国家政策、方针的重要性，了解人民渴望喜乐安康的真实诉求，进而提升自身的政治素质、思想道德素质和法律素质。与此同时，要引导大学生能够灵活运用马克思主义哲学思想来分析和解决实际问题，增强自身的职业素养与职业技能，真正成为对国家、对社会、对工作有用的高素质技能型人才。

（二）有利于提升思政课程教师的教学水平

作为一名思政课程教师，不仅要有扎实的理论功底，还要有掌控和驾驭课堂的高超技能，更为重要的是，思政课程教师要在潜移默化之中将正确的"三观"、正确的思想理念渗透到学生的思想之中，让学生在思政课程堂上有收获、有获得感。而这种获得感的产生主要源自两个方面：一是有远见、有深度和穿透力的学术理论；二是要有丰富的实践教学环节，让学生在吸收有引领和穿透力的思想的同时，能够真正体察和感悟到生活的真谛、社会发展的规律……这对于思政课程教师来说是一个极大的考验，需要思政课程教师精心思考和设计每一节课，尤其是对能将认识上升为行动的实践教学环节的设计上。因此，思政课程实践教学有助于不断提升思政课程教师的教学水平。

（三）有利于推动思政课程的教学改革与创新

思政课程具有极强的思想性和理论性，同时也是实践性非常强的一门课程。思政课程实践教学不是一成不变的，而是要根据时代的发展，以及学生群体特点的变化适时地进行调整，这一调整本身就意味着要不断地对思政课程的教学环节进行改革和完善，不断创新教学的方式方法，尤其是实践教学环节的教学方式和方法。实践教学环节是与社会实际与时代发展紧密结合的，必须以当代学生最能接受、最愿意接受的方式来呈现。这样才能激发学生参与实践的兴趣和热情，从而能够有效地保障思政课程的教学效果。同时，也能有效推动思政课程的教学改革与创新，真正让思政课程有温度、接地气，而不只是理论的输出。

三、思政课程实践教学中存在的问题

（一）以点代面

照高校思政课实践教学的主体选择，我们可以发现其中一个很大的问题就是以点代面，将实践教学理解为思政课教师参与指导的、部分学生代表参加的教育过程。似乎只要思政课老师将实践教学点缀于理论教学之中，并且有学生零星地参与其中，就意味着开展了实践教学。但实际上，思政课程面向的是教师和学生全员。

（二）一元逻辑

把教学场所"在社会"作为判断实践教学的标准，归根结底是一元逻辑在作祟。这种一元逻辑将高校思政课实践教学的内涵，缩小为社会实践等空间组织的教学活动，并不符合这一概念本身的真实意蕴。因为高校思政课所要实践的内容并非一般专业课要求的专业操作或实践技能，需要到特定的环境、专业的场所进行实践。相反，高校思政课是典型的理论性课程，作为必要的教学环节的实践教学，属于思想的实践范畴，更强调理论思维的培养和价值性的体验、认同与践行，需要受教育者接受环境的熏陶、情感的感染和行为的反复实践，从而促使受教育者将社会提倡的道德观念"内化于心、外化于行"，最后将其固化为个人内在的道德品质。受到原有思想基础，以及环境的盲目性与自发性等因素，对教育内容促进或者抵制的双重作用的影响，受教育者的思想往往呈现出反复性的特征。故而，思想实践的一个显著特点就是强调其时间和空间的完整性和连续性，即需要做到无处不在、无时不有的全时空性。这也就是说，无论何时何地，任何一个坐在思政课堂或走出思政课堂的学生，只要他把思政课的理论运用到现实学习与生活实际中，他实际上就进入了思想实践的场域，而这种场域不一定是特定的、专业的。

因此，对实践更为合理的理解应该是以教学内容为判断依据，只要教学内容"在社会"就可以将其划归为实践教学的范畴。教育者在进行设计、指导和评价工作时，在保证实践教学实效性的前提下，要注意充分调动受教育者参与上述实践教学模式的积极性、主动性、创造性，而不是让受教育者迫于压力被动参与其中。

（三）单打独斗

高校思政课实践教学以点代面认识误区的出现，还与很多人对其推进方式的认识有关。很多人认为高校思政课既然是一门课程，就应该由具体负责这门课程的教学——马克思主义学院组织推进，具体到马克思主义学院内部分别承担四门本科思想政治理论主干课程的老师，并认为各门课程各具特色，即使组织实践教学，也应采取独自组织实施的方式。

高校马克思主义学院和高校各门思政课老师"单打独斗"的实践教学推进方式，与高校思政课实践教学秉承的价值原则相差甚远。高校思政课"大思政"的工作思维要求在实践教学上，综合校内外相关资源开展思想政治教育。这种资源的整合一方面意味着人员、部门的广泛参与。从高校马克思主义学院与校内外相关部门的关系来看，它们具有一致性——在实践教学的目标上，校内外相关部门同马克思主义学院都具有立德树人的共同追求，都致力于实践主体和服务对象的共同获益；在实践教学资源占有上，校内外相关部门同马克思主义学院可谓旗鼓相当，甚至更具优势。另一方面意味着各种课程的广泛参与。就一般的思政课与专业课的关系而言，由于教学目标存在"知识""能力与技能"和"情感、态度、价值观"的"三位一体"的独特结构，思政课与各门专业课在"情感、态度、价值观"这一层次的教学目标上具有一致性与互通性。例如，语言类课程所体现的对母语、进而对民族的认同感，体育类课程所蕴含的对生命的尊重，美学类课程所内含的对美的追求，理工类课程所渗透的科学家的严谨精神和追求真理的坚强意志，等等，都能够成为思想道德引导的多样化形式。就思政课内部课程结构而言，高校思政课的主干课程是环环相扣、有机连接的关系。虽然它们相互独立、各有侧重——"马克思主义基本原理"课强调理论性、"毛泽东思想和中国特色社会主义理论体系概论"课强调现实感、"中国近现代史纲要"课强调历史感、"思想道德与法治"课注重实践性，在完成"立德树人"使命方面具有自身的特殊性功能。但是它们在内部分工基础上，整体建构着每一位学生正确的政治认同和科学的世界观、人生观和价值观，它们需要在实践教学中打破彼此之间的壁垒，相互支撑，最终形成教育合力。

所以，高校思政课实践教学要突出协同性，要集合优势力量、整合优势资源实现"一石三鸟"——一次实践活动安排，完成多项任务，收到多重效果。这种协同性体现了思政课主干课程的协同。它要求高校马克思主义学院从整体性出发，注重顶层设计，依据"思想道德与法治""中国近现代史纲要""马克思主义基本原理""毛泽东思想和中国特色社会主义理论体系概论"课程的理论体系和实践学时的差异，组织各教研室集体备课、集思广益，将各门课程的实践教学厘定出具有课程特色的实践教学模块，针对不同模块采取灵活多样的实践教学模式，进而做到真正的协同推进，实现资源的共享，避免实践教学出现重复、交叉、缺项等弊端。

四、思政课程实践教学模式

思政课是一门内容丰富繁杂，涉及范围又非常广泛的科目，而且在我国的高等院校教学体系中思政课还不止一门。当前我国高校的思政课主要包括"毛泽东思想和中国特色社会主义理论体系概论""思想道德与法治"

"形势与政策""马克思主义基本原理""中国近现代史纲要",虽然这几门课都是为了提升学生的道德品质与思想政治素养,但在具体开展的实践教学活动方面可能不尽相同。总体来看,当前我国思政课的实践教学模式主要有三种,分别是课堂实践教学、校园实践教学和社会实践教学。三种类型的实践教学模式相辅相成、互有补充,从而能够充分发挥思政课的教育功效。实际上,三种类型的实践教学也确实有助于高等院校大学生道德品质与思想政治素养的提升。

第二章　高校思政课程实践教学模式

本章内容为高校思政课程实践教学模式，主要从三方面进行了介绍，分别为高校思政课堂实践教学、高校思政课校园实践教学、高校思政课社会实践教学。

第一节　高校思政课堂实践教学

课堂实践教学是在课堂上创设一种情景或者设计一个环节，让学生亲身参与的实践教学模式。这种实践教学模式能够将课堂上教师的理论讲授与学生的亲身实践紧密结合起来，当堂讲授、当堂练习，加深了学生对教师讲授内容的思考与认识。我国的思政课具有鲜明的理论性和政治性，而这样的特点往往会让课程在讲授起来略显枯燥。而且对于广大00后的大学生来说，他们对过去几十年甚至上百年的历史事件比较陌生，而课堂实践教学模式则能有效降低思政课抽象与枯燥的程度。

课堂实践教学通常包括课堂辩论、焦点讨论、小组讨论、案例分析、影像展播、情景模拟等，这些课堂实践教学模式的存在能够把相对抽象、枯燥的理论或历史久远的事实，通过课堂的某一个环节来重新展现出来，也能让学生对思政课的相关知识有更为直观、具体的认识。同时，课堂实践教学这一模式能够有效激发学生课堂学习的主体性与自主性，培养学生的思辨能力。

一、思政课堂分享会

(一) 介绍

当前，我们身处互联网时代，互联网时代最为鲜明的特点就是人们获取信息日益便捷、多元，人们每天都可以接收到海量的信息，但是每一个人的关注点不一样，这又导致每个人接收的信息量虽然大，但信息内容却各不相同。在思政课课堂上设置分享会这一课堂实践教学形式，就是要达到两方面的目的：一方面是让高校学生把自己在网络和生活中获取的海量信息，通过课堂这一平台进行交换，拓宽学生的视野，丰富学生的信息和知识；另一方面学生正确、有效地使用互联网，可以避免学生陷入影视、游戏作品中不能自拔，避免学生整日被海量的信息淹没却无所收获。

具体来说，思政课堂分享会就是思政课教师定期让学生把自己近期读过的书、看过的影视作品，或者是在朋友圈、微博、门户网站看到对自己有所启发的文章，或者把自己亲身经历抑或其他对自己有启迪和教育意义的事情在课堂上与同学分享。通过分享会这一课堂实践教学形式，思政课教师能够快速了解自己所教的高校学生目前关注什么，他们的兴趣点在哪里，教学时选取什么案例能够引起高校学生的兴趣，从而提高教学效果。与此同时，分享会这种课堂实践教学形式也有助于学生将自己碎片化的阅读加以整理。因为高校思政课中每节课都会有分享会，这样就倒逼学生必须拿出能和同学分享的素材，而且必须对分享的内容有所思考。这样日积月累，将有助于培养学生思考的习惯，而且还能让学生做一个生活的有心人，善于发现、善于思考、敢讲真话，从而获得更多关于人性、道德、法律、国家、社会等方面的感悟和体会。

(二) 教学设计

思政课堂分享会这一课堂实践教学形式看似普通，实则意义非凡，很多课程的课堂实践教学中都会使用，特别是在旨在改变学生思想与行为的思政课上。一则它为广大青年大学生提供了一个在课堂上相互交流的平台，有助于大学生做一个生活的有心人，善于阅读、善于发现、善于思考、善于利用自己碎片化的时间；二则它为思政课教师了解学生的思想和生活动态，以及学生的关注点、兴趣点提供了一个窗口，有助于教师在日后教学中选取教学案例，既符合时代特点又能激发学生的学习兴趣，有效提升思政课的教学效果。

1. **设计思路**

在"思想道德与法治"课程中"人生的青春之问"这一章节的教学过程中，首先可以设计分享会这一实践教学环节，以"我关于人生、世界的所见所闻所感"为题，在思政课课堂上开展此实践教学活动。用学生在生活中所见、所闻、所感来引入"思想道德与法治"课中关于世界观、人生观和价值观的内容，培养学生树立正确的"三观"，以一种积极、昂扬的精神面貌来面对自己刚刚迎来的大学生涯，以务实、乐观、认真的态度来度过自己的人生。

（1）选题目的

"人生的青春之问"这一章实际上是学生关于人生、世界和价值的认识和理解，它不同于某一个具体知识的学习，并不要求学生必须准确理解。通过学生课堂分享这一具体实践，可以让青年大学生认识和了解到大千世界、芸芸众生，知道不同的人对于世界、人生和价值的看法也各不相同。虽然人的世界观、人生观和价值观不能整齐划一，但是在众多不同的观点、看法之中，个体也好，社会也罢，必须得有一个公众都认同且能达成共识的认识和理念，否则社会将会陷入私利横行、散乱无序的状态。只有在核心价值理念或者基本价值观的引领之下，充分尊重每一个个体的价值观，才能真正实现帮助当代青年大学生树立正确的世界观、人生观和价值观，走好自己的人生之路的目的。

（2）实践要求

"思想道德与法治"课程开始的第一节课，即进行分享会实践环节的任务安排。学生以个人为单位进行分享，教师根据班级容量安排每一节参与课堂分享的学生人数及名单，并提前一周告知下节课参与分享的学生，让学生在心理上有所准备。学生分享的内容可以是自己曾经读过的一本书，也可以是一部影视作品，抑或自己近期在朋友圈、微博、门户网站上看到的有所感悟的文章或者事件，还可以是自己亲身经历的有启发和教育意义的事情。总之，内容来源不拘一格，但是所分享的内容的主旨，必须是对当代青年大学生未来的人生发展、价值取向等有启迪与教育意义的。为了保证分享质量，让班级的其他同学都能印象深刻，进行分享的同学需要把自己分享的内容制作成PPT，图文并茂地呈现自己所要分享的内容，并结合"思想道德与法治"课堂所学内容再进行分析和阐释，在有感性体验的同时，不断提升自己的理性认知。

（3）活动评价

评价主体由思政课教师和3位本班同学共同担任。主要评价的指标有分享人的语言表达、PPT制作质量或媒体技术运用、分享内容的时代性与启发性，以及学生对分享内容的理论分析能力等。

2. 注意事项

分享会应该提前一周告诉学生准备，要求学生要做有准备的分享，而不是课堂随机分享一段感受。有充分准备的分享一则要求分享的内容是真实发生或者自己的亲身经历、感受的事件，不能是随意虚构的，否则分享就失去了意义；二则应该尽量运用"思想道德与法治"课上所学内容和理论，对分享的事件进行分析，并将课堂所学理论与现实生活中的实际相结合，这才是思政课上分享会这一环节的意义之所在。

分享会不仅要分享，还要有点评，应该是一个信息在师生之间、学生之间彼此输出、输入不断交换的过程。倘若只是学生个体上台分享，没有任何反馈，久而久之分享的学生便感受不到分享带来的共鸣与乐趣，分享就会变成负担甚至是应付。

分享会作为一种独立的课堂实践教学形式，必须有严格的要求，要让学生对分享有一种仪式感。学生要精心选择自己要跟大家分享的内容，精心制作自己分享时用以呈现自己思想和内容的PPT或者视频，调动自己的各方面才能，如素材搜集、视频剪辑、旁白配音等，用认真的态度去对待每一次课堂实践。课堂分享的过程中，教师要做好相关安排，捕捉台上做分享的同学的精彩瞬间，将每一位同学在分享时的精彩表现结集成册，在学期末最后一节课后放映给全班同学欣赏，让大家感受到用心做一件事情时的自己是最美的。

可以分享"佛系人生"和袁隆平人生价值的实现，以及现实生活中的舍己救人等事件，这会让我们看到不同人的不同行为，同时也反映出多种不同的人生观和价值观。思政课教师要带领学生分析各种不同人生观与价值观的特征，各类人群未来在社会中的发展，以及一个国家、社会的发展对于国民、公民的基本要求，进而引导学生正确看待社会中存在的多种不同的人生观和世界观，树立正确的人生观、价值观。

3. 总结思考

分享会这一课堂实践教学形式的设计，其目的不是为了分享而分享，而是希望通过分享会这一载体和平台，培养学生充分利用自己课余碎片化的阅读时间，观察和感受生活中的人和事，发现问题，勤于思考，并将经过自己深入思考和精心设计的内容，与同学、老师分享、互动，在思想的碰撞过程中加深对所学理论的认识，加深对自我、他人和世界的认识。

分享本身也是一种共享的理念，在共享的时代，青年大学生应该通过课堂分享会培养自己的共享意识，同时也要深刻感知共享给个体、社会带来的益处。虽然现在资讯非常发达，但是每一个人还是有自己在认知、信息获取上的盲点，通过分享会这种形式，青年大学生能够深刻体会到与人分享、共享的魅力和价值。

二、思政课堂角色扮演

（一）介绍

1. 角色扮演的含义

人是社会性的动物，在人的社会性存在中，每个人都需要和社会中的他人发生联系，同时也只有在与他人的合作中才能实现自己的人生价值。当前的青年大学生是一个有思想、有个性的群体，他们渴望展现自我，得到他人、社会的认可，但是由于其生活的特有的时代背景，其大部分都是独生子女，在其家庭生活中缺乏与同辈互动协作的经历，让这一代人普遍存在不同程度的以自我为中心的性格特点。然而，现实的社会生活却是一个需要彼此协作方能成就你我的场域。因此，懂得换位思考，能够理解、包容、合作是当代青年大学生未来发展的必备品质，也是思政课在高校人才培养方面的重要目标。广大青年大学生在成为社会的栋梁之前先要成为一个有思想、有道德的青年，成为一个能够与他人良好沟通、互动、协作的青年。

具体来说,角色扮演就是在思政课上教师根据教学需要设计一个情景,情景要真实、具体,让学生身临其境,真实感受不同情景之下人的感受、思想与行为,从而对某个问题或者某种理念有一个科学、全面的感知和认识。在思政课教学过程中,尤其是"思想道德与法治"这门课的教学中,涉及很多关于人生观、价值观、理想道德、法律规则等方面的内容需要给青年大学生讲述,然而仅仅依靠教师的讲授往往难以达到让学生感同身受,进而学会换位思考、理解他人的目的。但角色扮演则能以一个全新的视角和方式帮助青年大学生对某个问题,对某些人的理念、行为有一个全新的理解和认识,走出之前的认识误区或者发现自己在认识上的盲点,还能通过真实的情景模拟和具体角色的扮演更深刻地感受此时、此地、此人、此景,理解当事人的感受与行为,做一个有情感、有情怀、有理性的青年人。

2. 角色扮演在思政课实践教学中的必要性分析

首先,实践教学中思政课教师扮演好自己的角色是施教过程中教师主体作用的体现。从教学中"双主体"的地位来看,无论怎样强调学生在接受过程的主体作用,也不能抹杀或取代教师在施教过程的主体作用,这是由思政课教育活动中教师"教者"这种身份本质所决定的。所以不论是理论课还是实践课,思政课教师在教学过程中的主导作用都需要得到坚持和强化。但由于实践教学经验性的限制,如何强化实践教学中教师的主导作用尚有待我们去探究。

其次,重视教师的角色扮演也是实现思政课实践教学的目标所决定的。实践课既然是理论课的延伸和深化,就必须围绕为社会培养有德性的人来进行。而对于高校院校而言,培养具有一定职业素养能力的人乃是学校的人才培养目标。在这点上,教师必须做到心中有数,明确如何组织实施、创新模式、提高实效,使学生通过实践教学积累一定的职业素养经验,为今后走向社会奠定基础。这再次肯定了思政课教师在实践教学中的主导作用,同时也对他们的思想政治素质和业务素质提出了更高的要求。

最后,实践教学中教师扮演好自己的角色,是在高校思政课中融入社会主义核心价值体系教育的需要。社会主义核心价值体系要为当代大学生所认同,成为大学生比较稳定的价值取向,就必须抓住实践教学这个平台，将核心价值体系的相关内容融入实践教学，使相对抽象的理论和学生的生活实际相结合，让学生感同身受。而要达到这个效果，教师扮演何种角色就显得特别重要，大学生接受了教师扮演的角色也就容易接受其传授的知识。

（二）教学设计

角色扮演是以学生为中心的教学互动，是一种提高学生参与积极性的实践教学形式。作为课堂实践教学的重要形式之一，角色扮演的实践效果历来显著，深得思政课教师与学生的喜爱与认可。角色扮演其主要的目的主要有两个，一方面，要让学生用自己所扮演角色的思维去思考、去行动、去揣摩自己所扮演的角色，思考角色本人是怎么想的、他应该怎么做、他为什么会这样做；另一方面，通过角色扮演，青年大学生也能感受到面对他人对待自己的某种态度时自己的感受是什么样的，而这种态度是不是自己曾经用来对待别人的态度。角色扮演在思政课教师的精心设计之下，能够让青年大学生通过扮演不同的角色来获得不同的感受，对他人、对事物有一个更为真实、全面的认知。

1. **设计思路**

在"思想道德与法治"课程中"明大德、守公德、严私德"这一章节的教学过程当中，职业道德、家庭美德及社会公德是当代青年处理好与同事、家人、社会之间关系的重要媒介。在单位如何与同事相处、在家庭中如何与家人互动、到社会公共场所中如何与他人交流，这些问题的处理既需要一定的道德涵养，又需要一定的沟通技巧，对个体的要求非常高，而这种能力的培养和获得也绝非一朝一夕之事。因此，在这一章设置此课堂实践教学环节非常有意义。

（1）选题目的

角色扮演的精髓就在于引导和启发人们进行换位思考，能够了解和体谅他人，感受他人的工作环境，体验他人此时此地的真实感受，从而对他人多一份包容和谅解，对自己多一份自律和约束，进而提高当代青年大学生，以及整个社会的道德素养与水准。

（2）实践要求

角色扮演这一课堂实践教学形式通常需要两个或两个以上的学生参与，扮演某一事件中的双方或者多方角色，让学生体验理智与冲动者带给他人的不同感受。同时还可以结合高校学生所学的专业，将专业知识与思政课上所学知识有机结合并呈现出来，让学生在具体实践中获得真实的感受和体会。例如，以法律文秘专业为例，可以以某个庭审现场为基本背景，让学生进行角色扮演，感受缺乏道德与法律意识的伤人者对被伤害者造成的严重影响。学生可以一个扮演法官、一个扮演原告、一个扮演被告，还可以有原告和被告代理律师的扮演者。

（3）活动评价

评价主体由思政课教师和本班学生共同担任，学生评委可以从进行角色扮演的学生和观众当中各选两位，让扮演者和观众分别从不同的角度对这一实践环节进行评价，并注意掌握好时间，每人3分钟，不能超时，以免影响整个课堂教学的进度。教师作为评价的主体，其主要评价指标是学生的角色扮演是否到位，对于人物言行的把握及学生评价是否中肯等方面。角色扮演这一课堂实践教学环节最重要的评价依据，就是学生是否在扮演和观看的过程中有所感悟和启发，对他人的处境、对社会的发展阶段有所体会，进而在未来不断更新自己的思想，修正自己的言行，努力做一个有责任、有道德、有担当的新时代的新青年。

2. 注意事项

角色扮演这一课堂实践教学的主要目的在于通过扮演不同的角色，让青年大学生对自身平日的言语、情感、行为、思想进行一个反思，因此对于角色扮演者的要求较高。首先，要求扮演相应角色的学生要揣摩好所扮演角色的心理；其次，将角色的言行逼真地表演、展现出来；最后，还要紧密结合思政课堂的教学内容进行。

角色扮演对于教师的要求主要体现在对表演现场及表演效果的把控上，因为一场精彩的表演能让所有学生的内心都有所震动和感受，而一场糟糕的表演则既浪费宝贵的课堂时间，又让学生倍感失望，进而对实践教学失去兴趣。因此，教师既要指导台上学生的表演，又要注重调动台下学生关注的反应，还要保证表演不能偏离思政课的教学内容，要与本节课教学想要表达的内容密切相关。

3. 总结思考

角色扮演主要是通过学生表演的形式让大家有所感悟、思考，因为学生的表演大都很青涩，所以时不时会有让大家爆笑的情节，但是绝对不能让角色扮演这一实践教学形式沦为学生一笑而过的环节。思政课教师应该积极发掘学生扮演过程中积极的一面、闪光的一面，以引发学生整体对于某一事件的思考与讨论，将表演展现的现实与思政课教学中的具体理论内容相结合，让学生感受到思政课既富有理论性的一面，又有特别贴合实际、接地气的一面。

三、思政课堂焦点讨论

（一）介绍

当前青年大学生身处全媒体时代，每时每刻都能轻松获得来自全球的资讯，这些信息当中既有政治方面的，如各国政党新闻事件、国家间的政治往来等；也有经济方面的，如各国经贸往来、全球经济动态等；还有文化方面的，如各类主流文化、亚文化之间的交流与碰撞等；还有生态方面的，如全球生态危机等。

具体来说，焦点讨论就是在思政课的课堂教学中引入当前国内外热点问题或者话题，让教师和学生共同就这一被人们广泛热议的焦点问题进行讨论，在师生共同讨论的过程中，教师要引导学生深入分析和思考问题。焦点讨论的"焦点"主要体现在两个方面，一个是问题本身是"焦点"，另一个是让讨论成为本节课的"焦点"。问题本身是"焦点"的意思，是思政课上讨论的问题本身就是当前人们所广泛关注的焦点问题，是青年大学生也非常关心、想要了解的事件，同时对于此事件学生也有着自己的看法和观点。如"霸座"现象、中美贸易摩擦事件、"一带一路"高峰论坛等。让讨论成为本节思政课的"焦点"是指，让焦点讨论环节成为课堂上青年大学生能力素养提升的关键环节，让学生在具体人物事件、特定话题的讨论中，学会从多个维度去思考问题，进而培养成一种良好的思维习惯，经常去思考规则制度、人性道德、权利与义务，以及一个国家的历史发展等，从而更为深刻、主动地去理解客观世界和自己的主观内在。焦点讨论中焦点的选取对于教师的要求很高，一方面教师要真正选取学生关注的当前热点、焦点，另一方面要真正将焦点讨论打造成提升学生能力素养的焦点环节。

引入社会焦点作为课堂案例可以发挥思政课的实效性。但是，社会焦点语言具有分散性和多元性，需要加工整理，才能转化为课堂讨论的话题语言和价值共识语言。

(1) 将社会焦点文字置换为讨论话题语言

社会焦点文字具有更新速度快、涉及范围广等特点，这一特性要求教师在思政课上过合理加工社会焦点文字，并在此基础上进行语言转换，才能转换为讨论话题语言。

(2) 将社会正能量语言升华为师生共识性语言

所谓社会正能量语言，是指在社会层面，人民大众内心普遍接受和认同的语言形式。而对于思政课堂而言，需要思政教师将这些话语引入课堂，同学生实际相结合，形成师生共识性语言，从而使学生认同并践行。

（二）教学设计

在这个资讯异常发达的全媒体时代，足不出户即可了解全球资讯要闻，而青年大学生又有着很强的好奇心和求知欲，焦点讨论理所当然成为当代青年大学生喜欢的课堂实践教学形式。焦点讨论旨在引导学生关注生活，关注国内外社会热点，在关注的同时还能保持理性的认知去分析问题，进而提出具有建设性的解决问题的想法或方案，培养和锻炼青年大学生理性看待问题的素养和能力。

1. 设计思路

在"思想道德与法治"课程中"明大德、守公德、严私德"的教学过程当中，可以设计"焦点讨论"这一实践教学环节。因为大学时期是个体道德意识形成和发展的重要阶段，尤其是在这个"人人都是通讯社，人人都有麦克风"的自媒体时代，青年大学生每日都可通过各种媒体途径获得全球各地的资讯信息，特别是涉及个人言行道德与社会公德的事件。焦点讨论这一形式不但可以让学生了解当前的国内外社会热点事件，而且还能了解青年大学生对于热点事件的观点和看法。与此同时，在任课教师的引导下，青年大学生可以运用"思想道德与法治"中关于道德的内容进行分析，让学生明确其作为个体存在应该严守私德，作为公众中的一分子应该恪守社会公德，要真正做一名道德高尚的人。

(1) 选题目的

"明大德、守公德、严私德"这一章就是要告诉青年大学生何谓道德，道德的重要作用，以及道德在个人、家庭、职业和社会等不同场合中的体现，让学生明白道德对于个体和社会发展的重要性，教会学生在个人成长、婚姻家庭、职业生涯和社会生活中都要严守道德，不做有违道德之事，弘扬真善美，抨击假恶丑，勇于跟社会上的不良风气和行为做斗争，做一个有益于家庭、社会和国家的善良之人。焦点讨论聚焦的事件或者个人也许并不是学生自己，但是透过他人的言行举止，以及社会对于此种行为的评价，引导学生从个体、家庭、社会等多个角度用"思想道德与法治"中所学的，关于道德的相关知识进行理解和分析，举一反三，对同类的事件有一个更为清晰、深刻的认识。

(2) 实践要求

焦点讨论不同于分享会，分享会是每名同学就自己的所见、所闻、所感与大家分享，而近期的焦点人物、事件是一定范围内的人们都普遍关注的，所以课堂实践教学环节中思政课教师选取的焦点，往往是近期国人或者广大青年大学生都非常关注的事件。焦点讨论往往以小组的方式进行，要求学生对所讨论的焦点事件有充分的了解，包括事件本身是什么，新闻媒体对于事件的报道怎样，我们小组的观点是什么。而作为任课教师，既要知道学生对于某热点事件的看法、观点是否一致，如果不一致都有哪些分歧或者不同；又要能够透过事件的表象看到事件背后反映的本质，引导学生对某一问题进行深入、全面的分析和认识，由最初的感性认识上升到理性认识。

(3) 活动评价

评价主体由思政课教师与学生共同担任，学生评委由学生民主推选产生，每个小组推选出一名学生评委。主要评价的指标有：讨论是否紧扣焦点事件、讨论的核心观点是否正确、讨论过程中是否有像人身攻击等不礼貌行为、是否结合"思想道德与法治"所学知识对所讨论的焦点进行了分析等。

2. 注意事项

焦点讨论要求教师选取焦点事件时要有针对性，例如，"霸座"事件之所以成为被选取的焦点，一方面是因为它是近期社会、网络热议的事件，人们都非常关注此事件，而且人人对此都有话说，把它引入思政课课堂上，青年大学生也比较熟悉，而且有很多想法、观点想要表达；另一方面是因为"霸座"事件本身就是当事人自身道德素养低下的一种体现，同时也是对社会公德的践踏，在当前这个公共生活日益发达的社会环境之下，不遵守社会公德的行为带给社会的影响越来越大，也越来越受到社会公众的关注，讨论此事件能够激发青年大学生的思考。

焦点讨论的过程中，经常会有一些消极的、负面的事件出现或者被提及，对于这些事件，思政课教师应该多加注意。一方面，不能回避这些事件，因为回避对事件的分析，只会让有偏见和认识误区的学生更加坚信自己偏激的观点，更难改变其对社会、国家产生的不理解。另一方面，思政课教师要进行正确的分析和有效的引导，引导青年大学生意识到任何国家、社会都会出现这样或那样的问题，不能只看到不好的一面，而选择性地忽略其好的一面，要重点引导学生通过分析不好的人和事，建立一种积极、正向、理性的认知。

焦点讨论只是思政课上的一个组成部分，只是课堂实践教学的一个形式，不能占据整个课堂。因此，焦点讨论要求教师控制好讨论的时间，既要让学生在焦点讨论的环节有所收获，又要合理安排好课堂的教学进程，不能让讨论占据整节课堂。因为讨论只是一个载体、途径，通过讨论，学生可以对对道德深入、全面的认知，进而将其转化为自己今后的行为，这才是焦点讨论的教学目的。

焦点讨论环节要求学生遵守讨论的规则，不能有人身攻击等不文明的行为出现，同时在讨论此焦点事件的时候既要能够就事论事，分析所讨论焦点事件的原委，又要能够举一反三，思考并列举出现实生活中存在的各种不讲道德、有损公德、破坏秩序的行为，增强大家对不道德行为的直观感知和印象。

焦点讨论以小组为单位进行，但是要注意小组内部前期的讨论，一方面要充分发扬民主，让小组的每一个成员都有机会发言，表达自己的观点；另一方面每个小组中被推选出代表小组参加班级讨论的同学，必须充分总结并代表本小组成员的观点，不能以偏概全，更不能只发表自己个人的观点而漠视其他同学的观点。

3. 总结思考

不同的时间段会有不同的社会焦点产生，这些焦点中既有积极、正向，充满正能量的事件，也有消极、颓废，挑战社会道德底线的恶性事件。思政课上焦点讨论这一实践教学环节，就是要培养学生对于某一重要的热点问题进行理性思考、分析的能力。同时在一节完整的思政课上，只有让学生感受到课堂的焦点环节对自己启发很多，自己也收获很多，学习才能有获得感。

焦点讨论本身也是激发学生思考的一种非常好的方式。讨论意味着表达，而表达必须有思考的过程，要想表达得好，就必须有一个缜密的思考过程。因此，焦点讨论看似是对某一个热点问题、事件的讨论，实则也是对学生思考能力的培养和锻炼。

四、思政课堂影像展播

（一）介绍

当代青年身处全媒体的时代，每天都可以通过各种渠道、载体接收各种自己喜欢的、感兴趣的资讯。在众多媒介载体之中，比较受青年大学生喜欢的有抖音、火山小视频、哔哩哔哩、微信、微博等。这些媒介都有一个共同点，就是图文并茂，影像资料较多，极具视觉冲击力，能够吸引年轻人的眼球，激发年轻人的浏览兴趣，内容也给年轻人留下了极为深刻的印象。时间长了，他们就形成了使用这些媒介的习惯，最终成为其忠实的使用者。在极具政治性和理论性的思政课堂上引入影像资料，能够有效避免单纯理论讲授给青年大学生带来的枯燥感，同时影像资料极富视觉冲击力能够吸引青年大学生的眼球，让他们对思政课的内容产生了解和学习的欲望、兴趣，这无疑有助于青年大学生更好地学习思政课。

具体来说，影像展播就是思政课教师根据思政课程教学的需要，在思政课的教学过程中，有计划地播放一些弘扬社会正能量，体现中华民族抗争与探索历程，展现中国革命和建设过程中涌现出的优秀人物与事迹的影像资料，以期能够激发学生的爱国热情，培养学生的家国情怀和优良的道德品质，有效提升思政课的教学效果。影像展播是思政课课堂实践教学的一种形式，影像资料也只是一种载体和媒介，不能完全代替课堂教学。而且影像资料中纪录片比较多，一部纪录片的时间又比较长，所以思政课堂上影像资料的播放时间也是要有严格限制的，不能一节课都用来播放影像资料，而应该在有所选择、截取的基础上为学生播放优质资料。播放影像资料的目的是通过影像资料激发学生的学习兴趣，加深其对某个知识点的理解，同时通过观看后课堂提问的方式，引导学生思考并付诸行动。如果学生对课上播放的影像资料兴趣浓厚，教师可以提供影像资料的链接或者资源，让学生在课下自行观看学习。

（二）教学设计

影像资料具有很强的视觉冲击力，能够给人以单纯口头讲授无法达到的感官冲击，这一点对于青年大学生能够产生较为强烈的吸引力。影像资料的这一特点能够激发他们观看影像资料、思考影像中所反映的现象和问题的兴趣。思政课教师带着学生的疑虑和想要进一步了解的问题进行课堂教学，无疑能够紧紧抓住青年大学生的课堂注意力，将学生认为枯燥的理论和知识通过一种生动的方式展现出来。影像展播是"毛泽东思想和中国特色社会主义理论体系概论"课程中经常被用到的一种课堂实践教学形式，它将离当代青年大学生比较久远的历史事件与人物通过具体的影像资料，呈现在青年大学生面前，无疑增强了这门课程的吸引力和学生对于所学知识点的关注度，同时也有助于提升这门课的教学效果。

1. 设计思路

在"毛泽东思想和中国特色社会主义理论体系概论"课程中"新民主主义革命理论"、"社会主义改造理论"，以及后续其他章节的教学过程中，影像展播是一个非常必要且作用明显的实践教学环节。新民主主义革命是中国人民发现资产阶级民主革命在中国行不通，进而寻求新的救亡图存道路的一种选择，其中艰险及其对于中国社会发展的重要意义自不待言。但是其背后各个阶层的努力、抗争与探索过程需要我们铭记，需要当代青年大学生深刻理解和领会，并能从各阶层的抗争与探寻过程中得到启发，并为中国社会未来的发展提取有益的、可资借鉴的宝贵经验。可以说，影像展播这一实践教学形式具有其他实践教学形式无可比拟的优势。

(1) 选题目的

通过影像资料将新民主主义革命过程中各个社会阶层为中华民族的救亡图存所做的努力一一呈现；通过直观的视觉画面，让当代青年大学生感受当时国家羸弱、人民贫困的艰难处境，了解中国共产党领导无产阶级是如何在极其恶劣的环境之下，探求中国未来的生存和发展之路的。一方面在情感上激起青年大学生对于中国革命道路艰险的情感共鸣，另一方面激发青年大学生去思考今后我们国家的发展路径与方向，帮助青年大学生对中国革命道路的认识从感性上升到理性，能够从思政课的学科角度去看待和思考问题，做到理论联系实际。

(2) 实践要求

影像资料的选取必须严格围绕"毛泽东思想和中国特色社会主义理论体系概论"的具体章节内容进行，而且要以能够准确、真实反映历史事实的纪录片为主；向青年大学生准确呈现某特定历史背景下的中国现状，禁止不加判断地随意选取视频资料在课堂上播放，造成青年大学生的错误认知。如第二章新民主主义革命理论部分，在影像资料的选取上应该选取能够真实反映当时社会各阶层，为救亡图存而奔走呼号的艰辛抗争、求索的过程，而不是单纯讲述该历史时期的事件。

影像资料的使用必须跟课程的授课课时相结合。课堂实践教学是思政课教学的一种有益补充，是为了帮助青年大学生对某个相对久远、陌生的时代的人和事有一个客观的、理性的认知。更为重要的是，要以影像资料作为一个兴趣点，激发和引导学生积极、主动地去收集和分析相关资料，认真聆听思政课教师讲解，并对新民主主义革命及其理论有一个全面的、客观的认识。为此，思政课教师要把握好影像资料在课堂上的放映时间，禁止只放影像资料而不加引导和分析。思政课教师在放映影像资料之前，可以通过视频剪辑的方式，将一部纪录片中多个非常重要的片段进行剪切，然后再加以合成；争取做到让学生在较短的时间内，能够对某一个历史时期的人物和事件有一个清晰的认识。

使用影像资料是为了帮助学生更好地理解某个知识点。所以，在播放影像资料之前，思政课教师要把需要学生经由影像资料思考的问题抛给学生，让学生带着这些问题去观看，即有目的地观看，并且在观看的同时思考，以加深对知识点的认识。同时，在观看完视频资料之后要及时进行课堂提问，了解学生通过视频资料对所学知识的掌握程度。

（3）活动评价

评价主体由思政课教师和 3 名本班同学组成。主要的评价指标有：是否认真观看、对影像资料主题的把握、对思政课教师布置问题的回答质量等。

2. 参考资料

在第二章"新民主主义革命理论"和第三章"社会主义改造理论"中，都讲到了民族资产阶级和非公有制经济，以及两者在革命、改造和建设过程中发挥的重要作用和做出的卓越贡献。但这对于当代青年大学生来说，毕竟是发生在久远的过去的事情，很多学生并不能很好地理解这段历史以及非公有制经济的地位和作用。而思政理论课不但要有理论性，而且要有政治性。因此可结合当前我国民营经济的发展现状，以及在一段时间内甚嚣尘上的"民营经济立场论"的言论，在第二章和第三章的教学过程中，引导学生了解不同时期我党对于非公有制经济的不同认识与政策嬗变，让广大的青年大学生对中国的革命、建设道路，对非公有制经济，有一个正确的、理性的认知，并且在未来选择就业时能够理性抉择，以避免因出现偏激、错误的就业理念而影响就业。对此，可以查找一些相应的资料。

3. 注意事项

影像展播的目的在于让青年大学生了解中国社会各阶层在新民主主义革命和社会主义改造过程中的努力，激起学生对于革命与探索之艰辛的情感共鸣，所以展播影像资料的选择就显得尤为重要，这就要求思政课教师要在影像资料的选择上要下功夫，要紧紧围绕教学内容和目标进行选择。同时还应该注意在选择影像资料时，要将严谨的纪录片和源于现实又高于现实的电视剧进行区分。纪录片的时长要通过有效的剪辑进行控制，而对于能够更好地吸引学生注意的电视剧片段，思政课教师要对其中的与历史和实际不相符合的地方进行解释和修正，避免造成学生认知上的错误或误区。

影像展播虽然是以影像资料的方式帮助学生加深新民主主义革命和社会主义改造相关内容的理解，但是思政课教师不能只是单纯地播放影像资料，而应该注意结合课程所学内容对影像资料进行解读，帮助学生理解，避免出现观看影像资料时感觉很好、看过资料后过目全忘的现象，以提高影像资料使用的教学效果。

影像展播虽然更具直观性，更便于学生理解某段历史时期发生的人和事，但是要想看懂影像资料中的内容，特别是纪录片中的相关内容，需要青年大学生对这段历史或者教材中的相关理论知识有一定的了解，这就需要学生做好提前预习的工作，否则，影像展播对于一些学生来说只是让其了解一个梗概。而协助青年大学生做好影像资料展播前的预习工作，可以通过思政课教师布置预习思考题来实现，给学生以方向性的指导，这样能够有效提高展播实践教学环节的教学效果。

4. 总结思考

影像展播这一课堂实践教学形式能够弥补单纯课堂讲授的很多不足，是青年大学生比较喜欢的一种实践教学方式。思政课教师在使用这一教学方式时，要在影像资料激起学生情感共鸣的基础上，将本章教学内容的重点与难点有机渗透到对影像资料的阐释当中，将学生对新民主主义革命和社会主义改造的认识由浅显的感性认识上升到具有理论概括和总结的理性认识层面，真正把"毛泽东思想和中国特色社会主义理论体系概论"的理论性体现出来。

学习新民主主义革命理论和社会主义改造理论，一方面是为了了解两个不同历史时期中国共产党人在革命和建设的过程中，所做的艰苦卓绝的探索和努力；另一方面是从历史和现实的对照中，掌握中国共产党对于不同社会组成部分、经济成分的一贯政策、方针，能够运用马克思主义相关理论、方法去看待和解决现实中存在的具体问题，增强青年大学生发现问题、分析问题和解决问题的能力。

五、思政课堂辩论

（一）介绍

1. 课堂辩论的含义

当代青年大学生热情奔放，愿意表达自我，也喜欢通过与他人辩论来表达自己和证明自己，这无疑是思政课上开展课堂辩论的有利基础。辩论这一形式既符合当代青年大学生的特点，广受青年大学生的喜爱，又能够有效提升青年大学生的口头表达能力、随机应变能力和理性思辨能力，还能帮助学生不断扩展和深化自己所学的知识，一举多得，是非常好的一种课堂实践教学形式。与此同时，课堂辩论对于教师的要求也很高，一方面需要教师选取合适的辩题，即辩题既要激发青年大学生的兴趣，又要有一定的难度和挑战性，需要学生搜集、查找大量的资料去佐证和支持自己的观点；另一方面，在辩论过程中也需要教师对辩论的方向和进程进行有效的引导，让辩论在一种和谐的氛围中有序进行。

具体来说，课堂辩论就是思政课教师结合教学内容在适当的时机选取适当的辩题，让青年大学生在课堂上发表自己的观点，并对不同观点进行辩驳，通过辩论这一活泼的课堂实践形式，让学生对某个问题有更为全面、深刻的认知。课堂辩论从表面看只是课堂上几十分钟的双方辩论，实际上却是对学生多方面能力的综合考查。在准备辩论之时，双方辩手要查找大量的资料，既要有佐证己方观点的资料，又要有辩驳对方观点的资料，同时还需要双方辩手内部合理分工、有效协作，发挥每个人的最大优势。在具体展开辩论之时，双方辩手需要高度集中注意力，随机应变，恰当表达自己、辩驳对方，同时还要注重辩论的礼仪，做到有理有节。真理越辩越明，辩论这一思政课课堂实践教学形式有助于青年大学生在辩论当中，不断重新认识和修正自己的价值理念，进一步明确自己的人生理想与信仰。

2. **课堂辩论的优势**

课堂辩论由于在针对性、操作性、实效性方面具有独特的价值优势，被很多高校作为思政课实践教学的重要方式，并取得良好效果。

①针对性强，即辩题设置能更好地体现教学内容和实现教育目的。
②操作性强，即辩论活动更容易组织和促进学生参与。
③实效性强，即辩论过程更能提高学生的各种能力和思想政治素质。

（二）教学设计

辩论表面看是一个个体语言的赛场，其背后却是资料收集整理、团队协作的考验。它既能展现青年大学生的思辨才华，激发他们的学习和探索兴趣；又能锻炼团队分工、协作、默契配合的能力，是一个深受青年大学生喜爱的课堂实践教学形式。在当前自媒体发达的舆论与社交环境之下，每个人都可以接收到海量的资讯，在不知不觉中对某些问题就形成了自己特有的认识和看法，但这其中也有一些不正确或者偏激的观点。青年大学生涉世未深，接触社会有限，"三观"也尚未完全定型，对问题的认识有限，很容易受到错误思想、偏激观点的诱导。在思政课的课堂上选取中国革命或建设过程中的某一个主题引导青年大学生进行辩论，可以帮助当代大学生重新检视自己的观点，从更多的视角去看问题，去倾听他人对于同一个问题的不同看法和认识，进而修正自己的观点，建立新的理性认知。结合"毛泽东思想和中国特色社会主义理论体系概论"的相关内容，可以帮助青年大学生对某个历史时期的制度、政策和人与事有一个更为全面、立体的认知，提高了思政课的教学效果。

1. 设计思路

在"毛泽东思想和中国特色社会主义理论体系概论"课程中"邓小平理论"的教学过程中，涉及改革开放、市场经济，涉及"一国两制"，涉及物质文明与精神文明两手抓，这些都是人们感兴趣且经常议论的话题。人们的观点不尽相同，再加上当前自媒体、微媒体时代信息传递的飞速与便捷，每一种观点都可能会比以前影响到更多的人，这其中就不乏一些偏激、错误的观点。课堂辩论这一课堂实践教学环节尤为重要，因为道理越辩越明，只有把具有争议的观点摆出来，让大家去思考、分析、辩论，我们才能有机会对这个观点、思想、政策进行全面、立体的剖析，分析其正确与错误之处。而通过辩论，思政课教师也能敏锐地发现当代青年大学生所思所想，及时发现和纠正其错误的认知。因此可以说课堂辩论是学习思想政治教育内容的一个非常好的载体。

（1）选题目的

在"邓小平理论"这一章里，一个非常重要的知识点就是改革开放。改革开放是当时中国发展的重大决策，也是四十多年来深刻影响中国经济、政治、文化和社会方方面面的重要战略行为。改革开放过程中，有国外很多好的、优秀的思想、理念、技术、文化等方面的引入，同时也有些不好的东西夹杂而来。不同的人对改革开放的态度不同，即使是在同样认为改革开放在深刻影响中国的群体当中，也有两种不同的观点：有人认为改革开放带来的物质影响更大,有人认为改革开放带来的精神影响更大。那么改革开放对中国的影响到底是物质方面更大还是精神层面更大?可以就此进行辩论选择"改革开放带来的物质影响大还是精神影响大"这一辩题,就是为了让青年大学生对改革开放这一深刻影响中国的决策和行动,有一个全面、深入而且理性的认识。同时也要在对"改革开放"的认识上有一个升华,即改革开放不仅是一种具体的决策、行为、行动,更是一种精神,一种坚韧、奋发、改变、创新的精神,改革开放带给我们的不仅是物质生活上的改善,它更在精神上深刻地影响着我们、改变着我们。这既是在这一章开展课堂辩论这一实践教学形式的目的所在,也是选择这一辩题的目的所在。

(2) 实践要求

①组建团队。辩论赛是一个需要团队协作的活动,基于各种原因,思政课都是以班为单位上课。在辩论赛的团队组建过程中,可以以班级为单位组建团队,这样一方面有助于辩论团队的组建,另一方面有助于增强班级的凝聚力。每个班级再自行选择4名同学作为辩手参加辩论。

②抽取辩题。思政课教师给出两道辩题,由学生根据自身兴趣选取其中一个,并由每个班级选派1名代表通过抽签决定自己的辩题方向,即确定正反双方。

③辩论准备。提前组建团队,思政课教师给双方辩手留出一周的时间进行准备。这期间,双方可以收集辩论资料、学习辩论技巧、进行辩论演练等。

④辩论现场。双方辩手需要高度集中注意力,随机应变,恰当表达自己、辩驳对方,同时也要注重辩论的礼仪,做到有理有节;辩论团队内部要分工合作,默契配合;思政课教师要做好辩论场现场的整体掌控工作,保证课堂和辩论的秩序。

⑤辩后总结。辩论的过程中可能会暴露部分青年大学生对于改革开放的失之偏颇的认识,而辩论的目的是让大家对改革开放有更全面、理性的认识,对改革开放有一个认识上的深化。因此,辩论之后的总结必不可少。思政课教师应该重视辩论本身,更应该关注辩论之后的总结,了解青年大学生通过辩论对于改革开放有没有新的认知;对这一政策对于中国的影响有没有理性的认知;通过辩论是否有助于青年大学生坚定改革开放的

基本制度；等等。与此同时，还应该详细总结参加辩论的同学的表现：是否在辩论的同时保持了应该有的辩论礼节、是否尊重对方辩友等。

（3）活动评价

评价主体由思政课教师、双方辩论队成员，以及经由选举产生的学生评委共同组成。主要的评价指标有：思路是否清晰、反应敏捷程度、论据是否充分、对辩题的理解和阐释程度、是否注意辩论礼仪等。

2. **参考资料**

"社会主义建设道路初步探索的理论成果"和"邓小平理论"这两个章节的教学过程中，都讲到制定关系人民生活、社会安定、国家发展的重大政策、制度时，应该秉持实事求是的态度，实事求是地分析中国当时所处的历史时期和经济社会发展程度，实事求是地分析当时中国社会最主要的矛盾，这样才能少走弯路。这两章内容当中一个非常重要的知识点，即中国社会的主要矛盾分析，只有正确认识和分析了当时中国社会的主要矛盾，制定的制度、方案才能有针对性，才能适合中国的国情。

六、思政课堂专题讲座

（一）介绍

专题讲座也是思政课课堂实践教学的形式之一，但是它不同于焦点讨论。焦点讨论主要目的是让学生关注生活、关注社会、关注时政，善于发现和思考问题，引导学生从多维度思考和分析问题，学生是主体，教师是辅助，但是专题讲座则不然。专题讲座是就某一个热点问题、难点问题，邀请知名专家、学者或者对此方面有深入研究的本校教师，为学生进行系统讲授，帮助学生更深入地理解该问题。这其实是对思政课课堂教学内容的一个再丰富和补充，有效弥补了思政课中经常出现的教学内容很多，但教学时间不够，很多知识点无法详细深入讲解的不足。因为对某一个热点或者难点问题的系统讲授过程本身，就会涉及很多知识点的回顾与认识，专题讲座基本都是在征求学生意愿的基础上开展的，所以专题讲座的主题也往往会是社会的热点问题或者"老大难"问题。因此，专题讲座既能结合社会实际，又能从专业、学科的角度去深刻剖析当下社会存在的各种问题，还能在某一专题的讲授过程中将最新的学科前沿理论带给广大青年大学生，真正将思政课与社会实际和理论前沿有机结合起来。

（二）教学设计

"毛泽东思想和中国特色社会主义理论体系概论"是一门极富思想性、政治性和历史性的课程，对于其中很多知识点或者某个具体问题的理解都需要有一定历史背景知识。而且某一个问题从产生到发展是一个逐渐演进的过程，需要历史地、系统地分析方能对它进行全面的掌握。短暂的课堂讲授显然不能满足学生对于某个知识点全面理解和掌握的需求，而专题讲授作为课堂实践教学的一种重要形式能够有效弥补这一不足。通过邀请某一方面的专家或者对此方面有深入研究的思政课教师，就某一知识点或者问题进行深入、系统的阐述，有助于青年大学生真正理解某个历史时期党和国家的决策、制度，同时也能联系当今时代的社会现象与问题进行分析，从而对学生有所启迪。可以说，专题讲座能够真正将思政课与社会实际和理论前沿有机结合起来，是一种非常重要的课堂实践教学形式。

1. 设计思路

在"毛泽东思想和中国特色社会主义理论体系概论"课程中"五位一体总体布局"这一章节的教学过程中，要让青年大学生认识到中国特色社会主义是全面发展的社会主义，经济建设、政治建设、文化建设、社会建设、生态文明建设作为一个整体，就像纵横全图的经纬线，勾勒出了我们国家富强、民主、文明、和谐、美丽的社会主义现代化强国的壮美景象。对于"五位一体总体布局"中的经济、政治、文化和社会建设这四个方面，青年大学生都能够比较好地理解，但是在讲到生态文明建设的时候，很多学生认为在当前中国的发展阶段，过分强调生态文明建设会阻碍我国经济的高速发展，还会影响人民群众的生活质量。由此可以看出，生态文明建设这一部分需要思政课教师在讲授过程中特别注意。生态文明建设作为"五位一体总体布局"的有机组成部分，不能割裂地讲授生态文明建设，而且是从整体的视角给学生阐述生态文明建设的由来、发展。而专题讲座就是一种非常好的课堂实践教学方式，它能够完整、系统地向学生阐述我国提出生态文明建设的原因，以及生态文明建设近些年来在中国的发展及其取得的显著成效，从而有助于青年大学生树立正确的生态价值观，将生态文明的思想和理念渗透到自己的生活中，转变为自己的具体行为，替子孙后代保管好地球这份珍贵的礼物。

(1) 选题目的

为了纠正部分青年大学生在"五位一体总体布局"这一章中对于生态文明建设的不当理解，帮助他们确立正确的生态价值观；在青年大学生中倡导一种绿色、低碳、节能环保的生活方式，将生态保护、绿色发展的理念渗透到每一个人的心里，开展有关生态文明建设的专题讲座。专题讲座系统地讲授了何谓生态、何谓生态文明，我国从物质文明、精神文明的共建，到政治、经济、文化建设三位一体的建设，到是政治、经济、文化、社会建设四位一体的建设，再到政治、经济、文化、社会和生态文明建设的五位一体总体布局这一发展的逻辑脉络，不但要知其然，更要知其所以然，从而在自己的生活中践行生态文明，倡导绿色生活，做生态卫士。

(2) 实践要求

专题讲座主题的选择非常重要，必须是学生感兴趣且在教学过程中是教学的难点所在。而这一教学难点要想给青年大学生讲述清楚，必须有一个全局、系统的阐释，必须让青年大学生不但知其然更要知其所以然。所以，在第十章"五位一体总体布局"的讲授过程中，生态文明建设是一个教学难点，从由来到发展，都必须向学生阐释清楚。专题讲座过程中，必须将我国生态文明建设的原因、发展、路径、效果都清晰地传递给青年大学生。

专题讲座是系统地向学生阐述某一问题、现象或政策、制度，它需要青年大学生事先对该领域的内容有一个大概的了解，有一定的知识储备，这样才能在专题讲座中对教师所讲授的内容有透彻的理解。在关于生态文明建设的专题讲座中，要求学生必须事先认真研读教材及其他材料中与生态文明相关的内容，对我国的生态文明建设有一个初步的了解，然后才能够带着自己的疑问去听讲座，从而真正地从讲座中有所收获。

(3) 活动评价

评价主要从学生在讲座过程中的纪律与秩序、对于讲座内容的掌握程度两个方面进行考核与评价。评价不是目的，进行评价的目的在于了解学生通过讲座学习是否真的学有所获。

2. 注意事项

专题讲座是对某一方面或者某一个问题的系统阐述。因其详细具体，所以选取的主题不宜太大，否则极易导致专题讲座变成蜻蜓点水般的知识浏览，结果使学生想要深入了解的问题没能讲解透彻。"五位一体总体布局"是一个极其宏大的主题，要想在一个专题讲座当中把它讲解透彻，显然不可能。因此，要求思政课教师在组织专题讲座时，要进行一个较为准确的评估，在既定的讲座时间内选取"五位一体总体布局"中的某一个方面进行详细、深入的讲述，其他部分则进行基本的介绍即可。

专题讲座主讲教师的选择也是必须格外注意的，即必须选择在所要讲述的主题方面有着多年研究积累和深刻见解的教师来主讲，以切实提高专题讲座的含金量。同时在讲座过程中，主讲教师也应该充分运用多媒体技术，向青年大学生展示自己所讲授内容的精华部分，间或有一些针对讲授内容的提问和互动，以增强讲座的互动效果，让青年大学生在听完讲座之后能对讲座主题有比之前更全面、深刻的认识，真正做到学有所获。

3. 总结思考

专题讲座这一课堂实践教学形式的意义和价值在于认识的深刻性。开展专题讲座不但要让青年大学生有广泛的知识涉猎，而且要他们在某一个问题上有较为深刻的认识，并在未来对这一问题能够形成自己独到的见解。思政课教师要引导学生在聆听专家讲座的基础上学会自我思考、独立思考，培养青年大学生独立思考和分析问题的能力，而不是单纯地接收知识信息而不懂得如何去分辨和思考。

一次专题讲座只能就某一个方面的内容进行深入细致的讲解，但是青年大学生的求知欲是十分旺盛的，以"五位一体总体布局"为例，当以"生态文明建设"为主题进行一次专题讲座之后，后续还需要对"五位一体总体布局"中剩下的经济、政治、文化和社会四个方面做好进行专题讲座的准备，因为"五位一体总体布局"是一个有机组成部分，不能割裂地去看待任何一个方面。思政课教师应该在这方面做好充分的准备，提前做好内容和师资等的安排。

七、思政课堂案例分析

(一) 介绍

理论的生命力源自实践,再伟大、再深刻的理论,如果不能和实践相结合,那也不能被更多人所认识,特别是青年大学生。青年大学生求知欲特别强,对理论知识也有很浓厚的兴趣,但是青年大学生人生阅历普遍较少,缺乏经验,而单纯的理论讲授往往又不够生动、具体,特别是思政课中关于马克思主义的相关理论、中国革命战争时期形成的毛泽东思想等,青年学生往往会感觉枯燥乏味。因此,可以通过分析一个真实的案例带动青年大学生收集资料,了解该案例的背景、人物、地点、时间,以及事件发生的原因、经过、结果、影响等,可以让青年大学生不但对具体案例有一个了解,而且在分析案例的同时,对案例发生的历史背景、蕴含的具体理论有一个全面的认识。

具体来说,案例分析就是在思政课上就某些学生难以理解的理论或者知识点,思政课教师通过引用并分析一段真实的历史故事或者事件,来帮助学生对知识进行掌握和理解。案例分析在思政课教学中的作用有很多,可以用来引出某个知识点,也可以用来具体分析某个人物、事件,还可以用来理解某一个具体的理论,甚至可以借助某一个案例来对某段历史进行分析。但是不论案例如何被使用,它都是要服务于我们思政课的教学目标的,都是借助案例分析这一课堂上能够有效调动学生学习积极性的实践教学形式,来让学生深刻理解知识,同时学会用理论来分析案例或者学会从具体的案例中去总结历史规律和经验,进一步深化认知。

(二) 教学设计

案例分析是课堂上经常使用的一种实践教学方式。案例的选择和引入是一个需要非常谨慎、认真的事情,需要教师花费很多心血去选择、甄别,同时案例分析对于学生来说又是非常有吸引力的一种实践。因其真实性及内容的丰富与曲折性,学生非常有兴趣去了解到底发生了什么,通过案例的描述去思考案例主人公为什么会这么做,这么做有何不妥,应该怎么做，等等。在这一系列的分析和思考过程中，学生对于某个人物、某个事件就会有更进一步的认识，甚至会对照自己生活中的行为进行思考，从而产生对事物的新的认知和行为，教学效果也会非常好。

1. **设计思路**

在"思想道德与法治"课程中"坚定理想信念"这一章节的教学过程当中，可以设计案例分析这一实践教学环节，以真实的案例来引导学生分析生活中他人的真实事件，感悟理想、信念对于一个人成长、成才的重要性。在意识到理想的重要性的基础上，使学生树立崇高的理想，并且在实现理想的过程中能够有坚定的信念，以一种坚忍不拔的意志来实现自己的人生理想，而且在实现自己人生理想的过程中，能够与社会理想结合起来，达到在实现自我的同时造福社会的目的。

（1）选题目的

"坚定理想信念"这一章是要告诉学生漫漫人生路，只有激流勇进、奋力拼搏，才能实现自己的理想。然而，实现理想的道路上不可能一马平川，可能会充满了曲折、荆棘甚至很多诱惑，只有坚定的意志和信念才能实现理想，为国家和社会贡献自己的一份力量。通过课堂上的案例分析这一具体的实践，可以让青年大学生认识到理想与现实之间的距离需，要我们每一个人用自己的艰辛努力和坚定信念来弥补。同时在实现理想的过程中，总会有干扰、诱惑出现，犹如一艘船要想到达彼岸，必须穿越重重迷雾，不断辨识自己的航向，朝着灯塔的方向航行，因此，理想和信念缺一不可。案例分析中的主人公既有正面、积极的，也有反面、消极的，需要青年大学生自己去辨识、分析，从而启发自己，让自己达成所愿。

（2）实践要求

案例分析不同于分享会，学生可以自行选择认为对自己有启迪的人和事来分享；也不同于焦点讨论，不是就某件近期的热点问题进行的全方位的分析。案例分析是对某一个具体的案例进行分析，而且分析要结合自己当前学习的内容进行。为此，首先，要求思政课教师的案例选择有科学性，要合理，适合用本节课所学知识进行分析；其次，要求学生要用本节思政课堂上所学知识对案例进行分析，而不是像一般讨论那样天马行空般地自由分析，因为这样就容易偏离案例分析的主题，而失去了案例分析这一实践教学方式的实践价值。任何一个案例，都可以从各个角度进行分析,比如一个青年大学生由品学兼优走向犯罪道路的案例,既可以从社会学的视角分析,也可以从管理学的角度分析,还可以从心理学的视角分析。而思政课上的案例分析,希望学生从理想、信念的角度来分析,进而对学生自己的未来发展有所启发、启迪。

(3) 活动评价

评价主体由思政课教师和本班学生共同担任,学生评委可以由学生自荐,也可以由小组推选产生,为了保证课堂整体时间把控,最多只能3名学生担任评委。主要评价的指标有:是否结合本节思政课所学内容对案例进行分析。案例分析的时间把握、案例分析过程中学生自身观点正确与否、是否对分析案例时出现的偏激观点进行了纠正等。

2. 注意事项

案例分析要求教师在选取案例上做到精挑细选,以期选取最佳的案例在课堂上与学生一起进行分析。一个好案例,首先,它应该紧跟时代步伐,不至于使当代大学生一看到就觉得它过时、落伍,进而失去阅读的兴趣;其次,案例应该与本节课的教学内容紧密相关,因为案例是为教学服务的,偏离了教学目标和内容,再好的案例对于课堂来说也不是一个好案例;最后,案例应该具有典型性,让学生通过分析此案例,能够举一反三想到其他类似的人和事,同时也能引发学生对自己的反思。

案例分析要求教师在教学过程中就某一个案例进行阐述,具体来看,案例分析包括案例背景、案例描述、案例分析三个组成部分。作为一个案例呈现,教师必须将案例中事件发生的时间、地点、人物,事情的起因、经过和结果等信息有一个详细的阐述。同时为了引导学生从案例分析中真正有所思考和收获,还要设计不同数量的、彼此之间有着层层递进关系的问题进行提问,充分发挥案例分析这一实践教学形式的重要作用,而不是简单地阅读一下案例,草草分析一下了事。

案例分析要求学生必须对案例有全面的认识,要了解事件发生的基本背景和经过,以及案例中主人公的性格特点等,在此基础上再对案例进行深刻的剖析。一方面培养学生获取完整、详细信息的能力,而不是断章取义地认识一件事、一个人;另一方面培养学生剥洋葱般层层分析事件或者人物的能力,培养思维的缜密性,这样在将来面对某一问题的时候才能有缜密的思维去思考和分析。

案例分析要求学生运用思政课上所学的知识，对教师课堂上所提供的案例进行分析，并学会运用思政课的话语体系对案例进行分析。在分析的过程中要有自己鲜明的观点，不能含糊不清、似是而非。同时在进行案例分析的过程中要注意时间的把控，组织好自己的语言，在规定的时间内，清晰地表达自己对案例的认识。

3. 总结思考

青年大学生大部分时间是在校园中度过，他们还没有真正踏入社会，缺乏对社会中的人和事的了解，更缺乏社会中的实践经验。案例分析是一个很好的课堂实践教学形式，它把发生在高校校园外的人和事在课堂上呈现，让学生通过案主人公的经历来了解个体、了解社会、了解人与社会之间的互动。

思政课上的案例分析如同一面镜子，因为案例都是真人真事，青年大学生在分析案例中主人公的言行、思维方式时，也或多或少能够发现自己身上可能存在的与其类似的缺点和不足。案例中主人公如何改变，结局如何，都给了阅读、分析该案例的青年学生以启迪，这一点是思政课教师仅仅通过自己的讲述所无法达到的效果。

八、思政课堂学生讲坛

（一）介绍

教师认真讲，学生仔细听，这是传统课堂教学最基本的形式，也是最主要的形式，它的优势不言而喻，能够充分调动教师的知识储备和讲授技巧，在有限的课堂教学时段内为青年大学生讲授更多、更为深刻的知识与理论。但是这种教师讲、学生听的课堂教学方式也有其自身不可避免的不足，那就是不易调动学生的听课与学习的积极性，尤其是在那些课堂讲授还不够生动的教师的课堂上。而当前发达的互联网与信息资讯系统又给青年大学生提供了非常丰富的信息获取渠道，学生可以借助很多媒介获得自己想要了解的知识。加之当前青年大学生又有较为强烈的表达自我的欲望，因此，这种既能调动学生学习积极性，又能展现学生才干的学生讲坛就在各个高等院校的堂上应运而生了。

具体来说，学生讲坛就是思政课教师为了让学生对某些重要知识点有一个全面、详尽的了解和认识，在思政课堂上设计的一个教学环节，即学生讲坛。学生讲坛要求学生以小组为单位，自己备课，然后再推选一名代表登上讲台为全班同学讲课，同时还要求该小组的学生回答班上其他同学在该知识点上存在的疑问及教师的提问等。这种课堂实践教学形式，一方面能够激发学生以小组为单位收集资料、准备课程的协作热情，培养和锻炼其团队精神；另一方面也有助于青年学生理解作为一名思政课教师的不易，看似很小的知识点，如果要把它讲全面、讲深刻、透彻，需要花费大量的时间、精力去备课，进而让学生懂得尊重知识、珍惜教师的劳动成果。"教"与"学"是一个相互促进的过程，这种实践教学形式为师生对于某个知识点的理解提供了一个全新的视角，也增进了师生双方的沟通和理解，真正让思政课走入学生的心中。

（二）教学设计

学生讲坛是一个展示和锻炼学生综合能力的平台，同时也是帮助青年大学生对思政课上某一个知识点加深认识的重要渠道，它让学生变被动听为积极查找、主动学习、认真准备、大胆讲授。因为是青年大学生自己要在课堂上为大家讲授一个主题或者知识点，所以它能够激发青年大学生的学习热情，也能够培养学生严谨缜密的学习和工作作风。每一位同学都力求自己讲授的论据能够支撑自己的观点或者证明自己讲的知识点，所以每一个小细节都会认真、细致地去求证，容不得半点马虎。台下很长时间的准备是为了登上讲台为大家讲授之时，能够获得全班同学及教师的认可，这对于学生的语言表达能力又是一个锻炼和考验。也正因为如此，学生讲坛是思政课堂上非常重要的一个实践教学形式。

1. 设计思路

在"毛泽东思想和中国特色社会主义理论体系概论"课程中"毛泽东思想及其历史地位"这一章节的教学过程中，学生讲坛这一课堂实践教学环节就非常有必要。因为"00后"的青年大学生身处娱乐速食文化的时代之中，他们是网游、微媒体的忠实爱好者，他们课堂之外读书的数量在不断减少。很多高校院校的学生，对于领袖毛泽东的认知也仅仅停留在中学历史和政治课本上学到的层面，这显然不能满足时进入大学时期，尤其是在上"毛泽东思想及其历史地位"这节课的青年大学生知识上的要求。设计学生讲坛"从毛泽东的诗词书画中感受其革命情怀"这一环节，就是为了让学生对毛泽东及其思想有一个自发的了解和认识过程，只有了解毛泽东的个人特点，才能对其不同时代的思想转变，以及以其为领导核心的中国共产党革命思想、道路的转变有进一步的认识和理解。

(1) 选题目的

对毛泽东诗词书画的欣赏和分析相较于直接学习毛泽东思想，能让青年学生感觉更为轻松一些，更有意思一些，更能激发他们的学习和参与热情。通过分析毛泽东笔下的诗词书画，学生对领袖毛泽东的认识和理解也能够更为立体、全面、真实，而不是停留在原有的、刻板的书本描述之中。毛泽东不同时期的诗词书画都是其当时处境、心情与理想、情怀的一种真实展现。所以，引导青年大学生去查找、分析毛泽东的诗词书画，一方面有助于对领袖毛泽东有一个立体、全面的认识；另一方面也有助于提高青年大学生的诗词鉴赏与文化素养，还能有效锻炼学生的团队协作能力。最为重要的是，能够对不同时期毛泽东思想的内容有一个深刻的认识和理解。

(2) 实践要求

"从毛泽东的诗词书画中感受其革命情怀"看似简单，实则工作量很大，对青年大学生的要求也比较高。

首先，学生讲坛必须是以小组为单位进行，分工合作，充分发挥小组当中每一位同学的优势和特长。有人负责收集并选择毛泽东的诗词书画，有人负责分析诗词书画的内容与其所体现的毛泽东当时的处境与心情，有人负责将小组分析整理的资料与内容用最简洁、最有说服力的方式展示给全班同学。

其次，学生讲授时应该紧密结合学生讲坛的主题，既赏析毛泽东的诗词书画，又对其中蕴含的时代背景、革命情怀进行剖析。但不能将思政课上的学生讲坛变成纯粹的诗词赏析，如若这样，学生讲坛作为思政课的实践教学方式的作用和效果就无法得到体现。

再次，不同小组在选择毛泽东诗词书画作品时尽量做到不重复，作品的时间段也尽量不要有交叉，这样可以确保通过学生讲坛这个环节，让全班同学感受毛泽东不同时期的历史境遇、革命情怀，可以将课堂实践教学环节的作用充分发挥出来。

从次，学生在台上进行讲授时必须有相应的 PPT 支持，要图文并茂地呈现，这样有助于其他同学对本组同学的介绍有一个具体的感知，对其所要表述的某个特定时期的毛泽东思想有形象的认识。

最后，台上同学进行相关内容讲授之时，台下的其他同学应认真听讲，不得扰乱课堂秩序，影响他人听讲。同时如有互动环节，台下同学也应该积极配合、互动，共同完成学生讲坛这一活动。

（3）活动评价

评价主体由本小组成员、思政课教师和本班其他小组同学共同组成。主要的评价指标有：资料选取的恰当与否、对诗词所涉及历史事件的分析的准确性、课堂讲授时的媒体技术支持与语言表达、讲授对同学的启发性、讲授过程中是否存在明显的错误等。

2. 注意事项

学生讲坛要求学生提前两周进行准备，准备内容包括小组的组建、组员的分工、讲坛主题的确定、资料收集等。教师对于准备阶段的严格要求在于，让学生不仅要通过学生讲坛这一课堂实践教学环节对毛泽东思想及其历史地位有一个立体、深刻的认识，而且要借助此实践教学环节达到锻炼学生团队分工、协作共同完成任务的能力的目的，这一点是思政课教师在组织此类课堂实践教学环节必须谨记的。

学生讲坛要求学生要讲给大家听，而不是照着稿子上讲台读给大家听。对于这一点，思政课教师在布置任务时要反复强调。读和讲是两个不同的行为，读仅仅是机械地诵读，而讲则要充分调动学生身体的各个部分来协助其表达，试图达到让别人听懂的目的。而一个人要能很好地将一件事讲给别人听，必须是自己对这件事非常熟悉、有着深刻的认识，而且能够分析听众的兴趣点与需要，用听众能接受且喜欢的方式去讲。这对于一个人或者承担此次学生讲坛的小组成员来说，是一个综合的考验，也是思政课实践教学的重要目的。

学生讲坛要求在讲台下听讲的学生必须严格遵守课堂纪律，不得出现喧哗等不尊重台上正在讲授同学的行为，要求台上讲授的同学认真准备，努力将本小组的最佳状态呈现给同学。对纪律的要求在于，让青年大学生感受教师在台上讲课时的不易，同时自己也亲身体验台下部分同学不守纪律的行为是对台上精心准备的同学劳动的不尊重。

3. 总结思考

学生讲坛这一课堂实践教学形式是对思政课教师课上教学的一种有益的补充和帮助，毛泽东思想及其历史地位既需要思政课教师给学生进行正确的讲授和引导，也需要鼓励学生自己去深入探究。如果教师讲授毛泽东及其思想，学生只是被动地接受，甚至还会因为时代久远，以及学生认知偏差等方面的原因，对毛泽东及其思想有错误的认识；而通过学生自己的资料查找、收集与分析，学生对于毛泽东及其思想会产生一种新的认识。例如因为要向全班同学公开分析、讲授毛泽东的诗词及其革命情怀，学生需要对毛泽东本人有所了解。而学生在收集有关毛泽东生平的相关资料时，发现原来毛泽东家族中为革命牺牲的就有六位英烈，毛泽东在革命历程中也遭受了种种磨难，也正是这些经历及当时国家的境遇铸就了毛泽东强烈的革命情怀。基于对毛泽东了解的加深，个别原来对毛泽东心存偏见的学生，也开始重新审视毛泽东的一生，不再用昔日偏激、错误的观点来评价毛泽东及其思想。部分学生经由学生讲坛对某个历史人物、事件有了新的、客观的认识，改变了以往绝对的、偏激的认识，这本身也是思政课实践教学的目的所在。

在学习中，会出现个别学生对于毛泽东、毛泽东思想抑或其他革命人物、历史事件的失之偏颇的认识和看法，思政课教师应该以此为契机，就某个具体的人物、事件或者知识点进行深入剖析，带着学生一起去寻找和发现问题之所在，真正让学生学会用毛泽东思想中的实事求是、一切从实际出发、具体问题具体分析等方法来发现问题、分析问题和解决问题，这也是青年大学生在思政课上学习毛泽东思想的真正精髓所在。学习毛泽东思想不是简单了解或者能够背诵毛泽东思想的内容，而是要真正理解并学会用毛泽东思想中的核心思想与方法去解决问题。

第二节 高校思政课校园实践教学

校园实践教学是课堂实践教学的延伸，是在课堂之外、校园之内开展的实践教学活动，旨在通过校园内丰富多彩的活动来加深学生对于人生、社会乃至世界的认识。这种实践教学模式比课堂实践教学模式有更大的自由度，同时也有助于丰富学生的校园文化生活。具体来看，校园实践教学模式主要包括校内调研、图书寻访、主题演讲、主题展示、微电影制作、文明评选、校园文化节等。

校园实践教学能够充分利用校园内部的各类资源，发挥校内资源的优势，例如校内图书馆、体育馆、学生活动中心、学生宿舍等场所设施，同时还可以充分利用校内丰富的师资力量、学生资源、科研成果等。这些丰富的校内资源可以让高等院校的大学生不断拓展自己的理论知识，深化对课堂所学知识的理解。思政课是一系列既富含科学理论，同时又紧密结合社会实际的课程，既有关于几百年前资产阶级及其政党革命的理论知识，也有关于当代大学生理想信念的阐述，还有关于近期发生的国内外大事的分析。学生可以利用校园实践教学模式的多种具体方式来加深对它们的认识，例如通过图书阅读来了解百年前资产阶级及其政党革命的知识，通过校园走访、调研来真正了解当代大学生的理想信念状况，通过主题演讲或者展示等途径来深入分析和理解当前国内外大事，以及其对于我们国家、民众的影响。校园实践教学模式可以说是一种连接学生课堂学习与自我实践的重要方式，能够有效提升思政课的教学效果。

高校校园一直以来都是思想政治理论教育的主阵地，也是当前我国意识形态传播的主阵地，其重要性不言而喻。思政课的校园实践教学就是以高校校园作为思政课实践教学的主要场域之一，以高校校园内的各类校园活动作为思政课校园实践教学的主要载体，通过丰富多彩、主题类型多样的校园活动培养高校青年学生的道德修养和综合能力，以提高高校青年学生未来适应社会、把握人生的能力。

一、微电影制作

(一) 介绍

1. 微电影的概念

微电影又称为微型电影,简称微影。随着国内首部微电影《一触即发》的播出,"微电影"这一概念也相继诞生。微电影作为新媒体时代的一种新兴产物,实际上是对电影短片的继承与发展。关于微电影的概念,更多的是在已经认知微电影的基础上,从"微"角度的解读。柴素芳、沙占华认为:"微电影是相对于电影而言的一种艺术形式,其'微'在于:微时长、微制作、微投资。①"微电影不仅有"三微"特征,而且它还具有制作精美、故事情节完整、不限制播放平台等优点。它的体裁灵活多样,不仅仅局限于叙事体,还有动画、电视新闻、街头采访、现场记录等多种体裁。关于微电影的价值,北京大学艺术学院教授王一川认为:微电影的微,不是微不足道,相反却是微而足道,也就是规模微小但又容量丰盛,在微小规模上集中惊人的意蕴。它能够蕴含丰富的内容,例如感人的亲情、社会伦理、批判现实、回顾历史、社会公益等多种内容。它自身短小精悍的特点,符合现代人"快餐式"的文化消费观念,所以深受大众追捧。

当代青年大学生身处微时代,每天不仅能接触到大量的微媒体,而且学生自己也非常善于使用各种类型的微媒体和相关软件,特别是现在高像素的智能手机。每一个学生都可以通过智能手机和相关软件来制作各种类型的微视频、微电影,来反映校园文化、社会现象或者表达自己的心声。高校大学生特别是高校院校的学生对于具有视觉冲击力、立体生动的影像资料往往都比较感兴趣,因为视频、电影等影像资料可以借助声音、图像、动作、台词、道具、场景甚至特技等多种途径去再现某一场景,表达某种观点和情感,能够带给人更为真实的情感体验,这也是其他媒介无法

---

① 柴素芳,沙占华. 微电影:高校思想政治理论课教学的新载体——以河北大学微电影教学法为例 [J]. 思想教育研究, 2015 (10): 44-48.

比拟的优势，而这种优势也正好能够满足高校青年大学生的需求。

2. 高校思政课微电影实践教学的概念

虽然微电影应用于思政课实践教学的时间不长，但它的发展速度之快令人惊叹。因为它蕴含着独特的教育功能，所以引起了各高校的广泛关注。许多专家、学者也愈来愈重视对其的研究。微电影作为思政课实践教学的一种有效方式，它承担着思政课的育人功能。

首先，从实践方式来看，李慧娟、张婉陶认为：微电影教学法强调的是学生在教师指导下，以"思政课"的教学内容和现实生活为蓝本，学生自由结组，自编、自导、自演反映课程内容和时代特色的微电影①。通过拍摄思政课微电影，将理论教学与实践教学深度融合，真正实现了在实践中转化和运用思政课理论知识，既发挥了学生实践的主体作用，也保证了思政课程的思想性。其次，从实践价值来看，刘卫智、刘学华认为：微电影教学法是学生通过小组合作的方式，在老师的指导下制作微电影，促进教学环节吸引力和感染力的增强，最终提升思政课育人实效的教学方法②。

3. 微电影制作

具体来说，微电影制作就是为了提升思政课的教学效果。思政课教师鼓励高校青年大学生综合利用当前微时代的多种媒介和软件，联系思政课所学的知识，以及当前高校校园或者社会中经常出现的现象，结合自己对某些问题、现象、观点的看法，以个体或小组的方式演绎和拍摄相关视频内容，并对所拍摄的视频加以剪辑、整合，进而形成一个完整的视频资料。微电影制作是一种综合的实践教学形式，因为思政课有微电影制作这一实践教学要求，所以能够倒逼高校学生做一个校园生活的有心人，时刻留心、留意校园内外发生的种种事情或现象，并能够从思想政治教育的角度去看待和思考这一现象或者问题。此外，微电影制作表面看似轻松，只需随手拍摄一段视频即可，实则任务繁重、要求很高，既需要有较高的主旨、立意，又需要小组成员精诚合作，撰写脚本、布置场景、指导演员表演，还需要小组成员有较高的视频软件使用和制作水平。除了对青年学生

---

① 李慧娟，张婉陶."概论课"运用微电影教学法的可行性、原则性与价值性 [J]. 河北大学学报（哲学社会科学版），2019，44（01）：58-64.
② 刘卫智，刘学华. 微电影教学法在高校思政理论课中的应用探析 [J]. 教育教学论坛，2016（42）：171-172.

有较高的要求外，对于高校思政课教师的要求也很高，需要思政课教师在学生微电影制作的过程中全程参与指导，一则有效保证微电影的主旨鲜明正确，二则严把质量关，帮助学生提升微电影的制作水准。由此可见，微电影制作这一校园实践教学形式，能够有效调动教师和学生双方的热情与创意，同时也能充分发挥和展现当代青年学生思想觉悟与专业技术方面的能力和水准。

（二）教学设计

随着智能手机、数码相机的普及，以及各类视频制作软件的使用日趋简单化，越来越多的人可以通过视频、影像的方式去反映社会现实，表达和展示自己的所思、所想和所感。青年大学生思维活跃，学习能力、创新能力强，对社会、生活有着敏锐的感知力和洞察力，对于视频剪辑类的软件使用也非常熟练。他们习惯自拍，也乐于而且擅长拍摄各种类型的视频、影像资料。"毛泽东思想和中国特色社会主义理论体系概论"中既有中国共产党带领全国人民在苦难中求索、抗争的内容，也有中国共产党带领全国人民建设和发展祖国的内容。当前中国繁荣、稳定、和谐的局面就是中国特色社会主义制度优越性的集中体现，仅通过教师的讲授是无法让当代青年学生深刻感知中国特色社会主义建设的辉煌成就的，而微电影制作则是一个青年大学生喜欢且能调动其积极性，引导其主动地、自觉地了解和展示中国共产党带领全国人民实现"中国梦"、实现民族复兴之梦的重要实践教学环节。

1. 设计思路

在"毛泽东思想和中国特色社会主义理论体系概论"的"坚持和发展中国特色社会主义的总任务"这一章节的教学过程中，要让学生深刻意识到伟大民族憧憬伟大梦想，而伟大梦想成就伟大民族，中华儿女百年逐梦才有了今日之中国。"中国梦"凝聚着亿万人民对美好生活的期盼和对民族复兴的希望，只有实实在在地工作、劳动才能实现伟大的"中国梦"。青年大学生的微电影拍摄就是要围绕"中国梦——我的梦"展开，拍摄内容既要反映中国特色社会主义建设的辉煌成就，也要结合自身的生活、学习，反映当代青年学子积极向上、奋发进取追求美好明天的梦想。以小组为单位开展，不拘一格展现自己对于主题的理解。

(1) 布置任务

教师根据第九章所学内容，引导学生理解"中国梦"的重要内涵，理解我国建成社会主义强国的战略安排，理解"中国梦"实现过程中的种种困难与艰辛，激发学生用制作微电影的方式表达自己对"中国梦"的理解、对于建设中国特色社会主义强国的理解。

(2) 组建团队

微电影的拍摄是一个团队协作过程，根据"毛泽东思想和中国特色社会主义理论体系概论"课程的合班情况，在每个大合班中组建若干个拍摄团队，每个团队一般由 10 人组成。

(3) 组员分工

微电影的拍摄和制作需要团队成员分工配合与紧密协作。具体来看，成员的分工如下：编剧、导演、摄影、旁白、后期制作、道具。团队根据每项工种的具体工作量来安排人员数量，并根据具体拍摄情况随时做出调整。

(4) 注意事项

主题必须鲜明，紧紧围绕"中国梦——我的梦"展开，具体题目自拟。作品完成时限为一个月，从任务布置到视频拍摄完成、上交都必须在一个月内完成。在视频作品当中应该明确显示团队每个成员的具体分工情况。

(5) 成绩评定

微电影在拍摄完成之后，选取合适的时间集中进行全部微电影的展示。评委由教师和学生共同担任，人员数量为奇数，评委根据视频拍摄的质量，如是否围绕主题展开、演员表演质量、场景选择与布置、后期制作质量等进行评价。评委不但要给出每个团队微电影的最后成绩，还要对每个团队所拍摄视频的优点与不足给予点评，以期让参与微电影拍摄的每个同学都能有所收获。

2. **注意事项**

微电影是一个团队合作的成果，是小组 10 个成员共同努力的结果，不是少数人在辛苦筹备、拍摄、制作，而其他人等着坐享其成，这一点是思政课教师在布置任务时要极其注意并努力避免的现象。思政课的目的在于提升青年大学生的思想道德素养与政治素养，绝对不能出现投机取巧、无视纪律的思想和行为。

微电影制作不是简单地用智能手机随便拍摄几分钟即可，是要由脚本编写、策划、导演、摄影、旁白及后期制作等一系列工作构成，因此，在微电影的制作环节，思政课教师要严格要求，并严格按照要求来进行成绩评定。

作为思政课的实践教学环节，尽管是微电影，仍然要有电影的元素，即拍摄时既要源于生活，又要有高于生活的寓意和主旨，既反映现实又要高于现实，不能把微电影变成纯粹的视频记录，要加入青年大学生自己对于主题的认识和理解。

3. 总结思考

微电影的拍摄与制作确实需要有相当的专业技术支撑，需要有高像素的拍摄设备，需要有好的后期剪辑软件和较高的视频剪辑技术，还需要有好的演员，但是这些都是要服务于电影拍摄的主旨，即展现中华儿女逐梦的身影。但是在以往的微电影制作这一环节，经常会出现的是不少学生陷入了视频剪辑技术的比拼漩涡中，都试图在微电影中展示自己炫酷的制作技术，而忘记了拍摄微电影的初衷。这一点必须引起我们的重视，作为思政课教师也必须在微电影制作这一实践教学环节的各个阶段给学生以提示。

二、校内调研

（一）介绍

一切从实际出发、实事求是是马克思主义的基本原则，也是思政课想要传递给学生的一种做人、做事的基本价值遵循。身处高等院校，青年学生接触最多的就是各种理论知识，而理论的生命力在于其源于实践而且能够指导实践。因此，理论联系实际、一切从实际出发、实事求是也是高等院校青年大学生未来成长、成才的基本前提。调查研究就是一种最为基本的接触生活、接触社会、接触实际的基本途径，它能够帮助高校青年大学生将自己在课堂上所学的理论知识与现实社会生活中的实际相结合，从而更为全面、立体地了解生活、了解社会，进而理解自己在课堂上所学的相关理论。

具体来说，校内调研就是思政课教师根据教学目标与学生培养目标，以大学校园为载体和平台，结合思政课的教学内容，号召和组织青年大学生在大学校园内开展各种贴合大学和大学生实际的实地调查研究活动。当代青年学子极富个性而且有思想，但是很多时候有些青年大学生的思想有些偏激并不符合社会实际，思政课教师想要帮助其改变和更新观念，仅仅依靠单纯课堂讲授或者说教，很难达到说服此类学生、帮助其确立客观理性思想和观点的目的，而校内调研则能很好地达成这一目的。例如，有些学生认为当代青年大学生都是精致的利己主义者，没有爱国情怀，显然这一观点并不客观，以偏概全，尽管思政课教师在课堂上对此观点进行了澄清，但是对于改变持此类观点的学生作用有限，唯一能够让这些学生心悦诚服的做法就是让他们自己在大学校园进行调查研究。校内调研可以使他们实地与同学进行零距离的接触、观察和访谈，真正了解周边青年大学生的所思、所想和所为，从而发现大部分青年大学生都有着一份爱国的热情和情怀，而且也是乐于助人、关爱同学和社会，并非都是精致的利己主义者。通过实地调查研究，这些学生走出了自己狭隘的世界，转变了自己原有的想法和观念，真正达到知行合一。由此可见，校内调研对于了解当前青年大学生的思想动态、行为习惯与价值观念效果明显，也有助于培养青年学生知行合一、实事求是的严谨作风。

（二）教学设计

校内调研是了解当前青年大学生心理、思想与行为的重要渠道，也是高校思政课校园实践教学的一种重要形式。校内调研主要的调研群体为高校青年大学生，调研者多为高校师生，调研的对象也多为高校学生，而调研的主要手段是问卷调查和访谈调查，一般都是问卷调查结合深度访谈。青年学生进行校内调研的过程也是了解同学、了解学校、了解当代青年大学生状态的一个重要渠道。进行校内调研首先需要在校园内进行相关数据资料的收集，这对于青年大学生的表达能力、沟通交流能力就是一个非常重要的锻炼。在收集资料的基础上还需要对资料进行高效的整理和分析，这也是对学生缜密思维能力的锻炼。调研不但要调查现实情况，更为重要的是能够从调查所得的数据中发现问题，分析和寻找问题产生的原因，进而探索解决该问题的具体方法和路径。因此，校内调研是对青年大学生综合能力的锻炼，同时也是思政课教师深入了解当代青年大学生，尤其是自己所教学生特点的一个非常重要的渠道。

1. 设计思路

调查研究是一个极具专业性的工作，它要求问卷的设计，数据的整理、分析都必须严谨缜密，容不得半点马虎。在进行校园实践教学中校内调研这个环节时，要求教师做好指导工作，而且调查研究应该以小组为单位进行，小组内成员分工合作共同完成。身处网络信息化时代，青年学生在进行调查研究时可以充分利用网络信息化手段，无论是在最初的数据收集、调查阶段，还是在中期的数据整理分析阶段，抑或后期的成果展示阶段，都可以引入信息化手段。利用网络信息化手段，一方面提高了小组调查研究的效率，另一方面紧跟时代步伐，综合运用多种方式手段进行调查研究，同时充分发挥了当前信息化手段在调研过程中的辅助作用。

校内调研是一种了解当代青年状况的重要实践活动，通过校内调研，可以了解当代大学生在学习、社会交往、婚恋、就业、社会公德、遵守法律、日常消费及人格发展等方面的具体情况和存在的问题，在校内调研其他同学的同时也可以对照自己，发现自己在这些方面存在的问题和不足，进而加强学习，加强自律，不断提升自己、完善自己，服务社会。

在"思想道德与法治"的教学过程中，校内调研主要是以"思想道德与法治"所学理论知识为基础。青年大学生在思政课教师的专业指导之下，以调研的具体方法为手段，带领学生学习进行社会调查的基本步骤，了解在调查研究过程中应该掌握的基本方法，以及调查研究过程中的注意事项，经由实际的调查研究让学生将课堂所学与生活实际相结合进行认识，透过现象，认识事物的本质和规律。

高职院校大学生从进入学校那一刻起就有着与其他一般高校不同的地方，即很强的职业性，高职院校大学生的职业意识和就业心理普遍都比较强烈。这里以高职院校大学生的就业心理调查为例，简要介绍校内调研的组织与实施的具体流程，以帮助青年学生学会运用这一方法去认识学校、认识社会。

（1）校内调研的基本流程

校内调研最基本的方法就是问卷调查法，而问卷调查绝不是学生自己坐在教室设计一份问卷,简单找一些同学填写一下、统计一下即可,而是必须遵循严密的调查步骤方能获得翔实的调查资料。此外,问卷调查只是校内调研的一个重要方法,但这一方法也不是万能的,也有其不足之处。所以要想全面了解某一个方面的情况,除了问卷调查法外还必须辅之以访谈法,通过深度访谈的方式去弥补因为问卷调查而难以获得的信息和资料,从而保证调研能够获取全方位的资料。

具体来看,进行问卷调查第一步要做的是进行探索性工作。所谓探索性工作就是通过相关文献回顾、校内实地考察、访问该领域的专家学者等步骤初步认识待研究的问题。例如,想要研究高职院校大学生的就业心理状况,需要先进行文献查阅和回顾,了解一下在此方面学者的研究成果的多与少,学者对此问题研究到什么程度了,对此问题的认识如何。在进行高职院校大学生就业心理方面的文献回顾时,我们发现当前学者对大学生就业方面的研究较多,但是专门针对高校大学生,特别高校大学生的就业心理方面的研究并不是很多。而且,高校大学生的就业心理既包括高校大学生对自身各方面能力的评估,也包括他们对外在就业岗位、就业环境等方面的认知,还包括他们对于未来工作的态度、价值等方面。要在明确这些内容的基础上,再设计相应的调查问题。

校内调研的第二步即设计问卷初稿。设计问卷初稿是在前面进行探索性调查的基础上,通过设计相应的问题来了解被调查者在就业心理方面的真实情况。一般在设计问卷初稿时,可以采用卡片法或者框图法。卡片法就是在设计问卷时将每一个问题都分别记录卡片上,然后再对卡片进行分类,删除重复或者相近的问题,删除可有可无的问题,并对剩余问题设计给出答案,然后再将不同类型的卡片按照一定的逻辑顺序进行排序,并将问题进行编号。至此,问卷初稿完成。例如,以高职院校大学生就业心理状况调查为例,在设计问卷初稿时,学生可以先将自己想到的问题书写到卡片上;然后再对卡片进行分类,如哪些是高校大学生对于自身各方面能力的认识,哪些是对外在就业岗位、就业环境的认知,哪些是学生整体的就业态度、价值观;接下来为问题设计答案,同时答案要满足穷尽性和互斥性;最后再将这些问题进行排序。这样,关于高校大学生就业心理的初步问卷就形成了。

第三步即进行问卷试用和修改。问卷在设计完成后不宜立刻就进行大规模的调查，而是要将问卷发放给少数专家、学者进行主观的评价，同时还需要在小范围进行问卷试用。如在小范围发放不超过 30 份问卷，让学生进行填答，以期得到其较为客观的评价，同时及时发现问卷在哪些地方还存在不足和需要修改的地方。如果在发放问卷填答的过程中，不少学生发现部分问题的答案中没有自己可选的选项，即问题答案没有满足穷尽性，还有一些问题被调查的学生都没有进行填答，可能是因为问题的描述存在问题，导致被调查者无所适从，不知该如何作答，这类问题也需要进行修改。总体来看，在试用的基础上对问卷进行修改，主要就是对问卷的语言、提问方式、次序、问题数量、回答时间等方面进行具体的修改。

最后一步就是问卷的定稿和印制，即对已经修改好的问卷进行排版。要注意版面的设计、字体、行间距、整体外观等，使问卷整体来看整齐、醒目，有利于被调查者进行答题。然后才可以印刷问卷以备后续大规模发放使用。

（2）教师在校内调研中的职责

①校内调研活动的整体设计。调研活动是一个非常严谨缜密的工作，而青年学生又缺乏调研的专业训练，所以思政课教师必须根据课程教学大纲，并结合青年学生的实际情况设计调研的主题，并向学生讲授调研的具体步骤和程序，为学生提供一个较为明晰的调研设计框架和技术支持。

②调研活动的具体组织。调研活动是一个团队协作的工作，一个人无法完成，因此需要教师指导学生组建团队，以团队或者小组为单位开展调研活动。教师需要指导团队选出自己的领导者，做好团队成员的具体分工，帮助每个团队确定自己的调研主题和调研具体方案、调研工具方法的选择等，确保调研过程的顺利进行。

③指导调研报告的撰写和评阅调研报告。一份调研报告有它既定的格式要求和篇章结构，很多学生往往在调研过程中很认真，但在调研报告的撰写上却比较随意。因为他们不知道调研报告的撰写格式与要求，这就要求指导教师必须对学生进行调研报告撰写的培训与指导。同时，要对学生上交的调研报告进行认真审阅与仔细修改，并进行成绩的评定，最终帮助学生学会如何开展具体的调研活动，而且能够撰写规范完整的调研报告。

（3）学生在校内调研中的任务

①认真学习领会调研活动的总体要求。调查研究有自身的具体流程和

规则，在开始具体的调查研究之前，学生需要认真学习这些规则与流程，并且领会调查研究的总体要求。唯有如此，方能保证整个调查研究向着正确的方向推进。

②确定调查研究的主题。调查研究主题的确定非常关键，主题选取不当，可能整个过程都是徒劳，没有任何调查研究的意义和价值。一个真正反映当前青年大学生学习、生活、思想、行为等各方面或者某方面情况的调研主题，或者反映当前高等职业院校相关情况的调研主题，才算是一个合格的调研主题。而且这个调研主题的确定，不应该是某个人的想法，而应该是整个小组集体智慧的结晶，同时也应该有教师的指导，这样才能真正挖掘一个有调研意义和价值的主题。

③开展调研，完成调研报告。从开展调查研究到最后调研报告的完成，一般限定时间为一个月。这一个月当中，7天用来进行探索性调查和调查问卷的设计与完成，7天用来进行校内实地调查，7天用来进行调查数据的整理与分析，10天用来进行调研报告的撰写。

2. 注意事项

校内调研是一个非常严谨的工作，也是一个小组成员分工配合、共同完成的工作。因此，在进行具体的校内调查过程中，对调研小组的成员有着较为严格的要求。

首先，要求小组成员严格按照进行社会调查的具体流程，来进行问卷的设计、发放及数据的整理与分析等，不能有文字抄袭、数据造假的现象发生，每一步都要真实进行，不能投机取巧走捷径，因为校内调查的结果反映的是本校在此方面的真实情况，调查结果不只是思政课校内社会实践的成果，同时也是本校具体情况的真实体现。

其次，校内调研必须是小组通力合作、共同完成的任务，而非一两个同学承担起全部工作，其他同学只是"搭便车"，不付出任何劳动，最后只是在小组成员表中挂个名而已。作为思政课的校内实践活动，不仅仅考查调查研究本身的结果，更为重要的是考查在调查研究的过程中学生在思想、道德及专业素养等方面的表现。

最后，校内调研的主题选取要与所在学校当前的建设或者关注重点相结合。校内调研本身是一个任务量很大、需要多方配合的工作。因此，调研不能仅仅是为了完成思政课的校内实践这一环节，而应该从更高的层面、更大的视角去思考和选择调研的具体主题,让调研的主题真正紧密地与高校院校、高校学生的实际相结合,反映出高校院校的某方面的具体情况,同时也为高校院校的建设和发展提供可资借鉴的数据资料与理论观点。

3. 总结思考

校内调研是一个很好的窗口,能让青年大学生经由自己的调查、研究,分析和把握当前在自己所在学校或相关群体中的某个方面的真实情况,这是青年大学生接触社会的一个有益通道和途径。很多学生在某方面存在一些不太理性的认知,而且还坚信自己的认知是对的,这往往对自身和团体都是无益的。而通过校内调研,学生可以跳出自己这一棵树或者自己身边这一小片树林,见到学校这个范围内的整片森林。这样有助于学生对高校院校全局、对高校学生整体有一个清晰的认识,而不是停留在自己原来比较狭隘的认识上,这也正是思政课提升青年大学生思想修养的初衷。青年大学生只有亲身经历了、了解了,并且通过精确的数据分析,才能对身边的大学生群体有一个全面、客观的评价,自己的思想才会更加理性,走出狭隘和偏激。

同时,校内调研也是一个在短时间内需要跟大量调查对象接触、交流的活动,非常能锻炼参与调研的学生的人际交往能力。譬如如何跟陌生的同学初次接触,如何说服不愿意配合调查的同学,如何引导同学在填答问卷时能足够认真、说出自己最真实的想法,如何在小组内部进行合理的分工、配合等,这些都是对参与校内调研活动的青年大学生的考验。只有在这些具体的环节中认真对待、细心学习,才能不断提升自己的思想认识,约束和调整自己的行为实践,进而提升自己的综合素养。

三、主题演讲

(一)介绍

当代青年学生普遍具有思想丰富、视野广阔、喜欢表达自我的特点,演讲无疑能够给他们提供一个表达自我、展现自我的平台,演讲这种形式一直以来也深受青年大学生的欢迎。其实,演讲不是空洞的说教,也不是社会现象的罗列,更不是人云亦云的老生常谈,而是要全面、彻底、充分地表达某一个观点,并且要让听者能够理解、明白你所表达的问题或者内容,所以演讲对演讲者的综合素养要求很高。它要求演讲者既要有清晰、敏捷的思路,伶俐的口齿,又要对讲述材料的本质内涵加以分析、概括、提炼、延伸,同时还要能够通过富有理性色彩的语言表达,渲染并激起听众的心理共鸣,将听者的思绪引向一个更为崇高的境界,使演讲的主题得以升华。在青春激昂的高校校园内,主题演讲无疑是一个能够有效激发学生参与热情的实践环节。

具体来说,主题演讲就是思政课教师根据思政课的教学需要,选取一定数量的青年学生感兴趣的、能够引发学生思考的问题或者观点作为演讲主题,在高校校园范围内广泛号召青年学生参与的演讲活动,例如在国庆节到来之际,在高校校园范围内开展"我与祖国共成长"的主题演讲活动,每一个青年学生都有自己独特的成长经历,同时每一个青年学生都是在中国改革开放繁荣富强的大环境中成长起来的,说起自己的祖国都能够侃侃而谈。而且在思政课堂上,特别是"毛泽东思想和中国特色社会主义理论体系概论"这门课上,教师讲授了很多近代以来中华民族抗争与探索的历史,学生在演讲的过程中可以有很多的史料引用,这也进一步巩固了学生在思政课堂上所学的知识。由此可见,主题演讲是思政课教学在高校校园内的一种拓展和延伸,它不但有效拓展了思政课的教学领域,而且锻炼了学生表达自我、展现自我的能力,丰富了青年大学生的校园生活,真正在高校校园内将青年大学生的课堂学习与校园生活有效地结合起来,是一种生动的校内实践教学形式。

(二)教学设计

主题演讲作为一种常见的校园实践教学方式,主要是以青年大学生的演讲为载体。演讲要紧紧围绕某一个主题展开,通过对该主题的阐述帮助青年大学生对该主题相关的知识点有进一步的认识。演讲的过程需要青年大学生认真搜集、精心整理资料,努力分析和思辨问题,这本身就是青年大学生的一个自我教育的过程,同时也是对其理解能力、分析能力和表达能力的一次锻炼。主题演讲,演讲本身不是目的,而准备演讲过程中的一系列收集资料、分析资料和对资料进行总结升华的过程,才是真正锻炼青年大学生的过程，也正是主题演讲的目的所在。

1. 设计思路

在"毛泽东思想和中国特色社会主义理论体系概论"的"中国特色大国外交"这一章节的教学过程中，思政课教师不但要讲授新中国外交的发展历程，而且要讲授新中国外交的重要特征及其对中国和世界产生的积极影响。但有限的课堂讲授时间很难将这三个方面完整、透彻地讲清楚。众所周知，外交是一个国家实力的重要表征，必须让青年大学生对中国的外交尤其是在新时代处理复杂的大国关系上，中国外交所贡献的中国智慧有所理解。在讲授第十三章"中国特色大国外交"之时，可以组织学生开展以"厉害了我的国"为主题的主题演讲比赛。具体的设计思路如下所示。

（1）确定主题

"厉害了我的国"可以作为演讲比赛的总主题，给学生以方向的指引，但是具体演讲题目和内容只要围绕这一主题展开即可，给学生以最大的发挥空间。虽然"厉害了我的国"的主题演讲安排在第十三章"中国特色大国外交"的学习时间阶段，但是祖国的繁荣与日渐强大绝不仅仅是体现在外交这一个方面。所以，总的演讲主题之下，学生可以选择能够体现祖国繁荣与兴盛的各个方面进行阐释，而非仅仅局限于外交这一个方面。这样有助于学生从多个方面了解中国近些年的发展，增强其爱国的情感与道路自信、制度自信。

（2）组建团队

主题演讲看似个人行为，实则背后需要大量资料收集和演讲技巧训练，而且"毛泽东思想和中国特色社会主义理论体系概论"一般都是合班上课，即起码有两个班甚至更多的班级在一起上课，人数众多。对于合班上课的同学来说，可以组建若干个团队，团队成员最多10人，团队内部自行决定总主题之下的内容，分工合作，共同完成此次主题的演讲。演讲既是对本章中国大国外交的历程与成就的展示，又是对中国几十年发展成就的总结与回顾。

（3）演讲比赛。

以团队为单位，抽签决定演讲顺序，演讲者的仪表仪态、演讲技巧、演讲内容及多媒体技术的运用等，都是影响演讲效果的重要因素，每个团队都需要严格按照演讲规则参与比赛。

(4) 成绩评定

评委由教师和学生共同担任，人员数量为奇数，评委根据演讲者的整体表现做出成绩评定，如论据是否充分、论证是否彻底、逻辑思路是否清晰及演讲者的仪容仪表等。评委不但要给出每个演讲者最后的成绩，还要现场对演讲者的优点与不足给予点评，以期让参与这一环节的每个同学都能有所收获。

2. **注意事项**

主题演讲的目的是通过演讲的方式，让青年大学生感受中国特色社会主义改革与建设的巨大成就，培养和建立对祖国的荣誉感和自豪感，增强青年大学生的爱国情感。因此，在准备主题演讲比赛时，思政课教师要引导学生意识到不能为了演讲而演讲。演讲不仅仅是为了比拼演讲的技能，而是应该在收集资料、准备演讲的过程中，全面了解中国改革与建设的巨大成就，在演讲的过程中感受和体验爱国的情感，进一步升华认识。

以"中国梦——我的梦"作为主题演讲的主题，首先要求青年大学生应该对"中国梦"有一个准确的认识，如果连什么是"中国梦"都一无所知，那么即使演讲技术再高超，也不过仅仅是一个表演而已。只有对"中国梦"有了准确的认识，青年大学生的"我的梦"才能知道如何去实现。

在学习"中国特色大国外交"的过程中，开展以"厉害了我的国"为主题的演讲比赛，很多学生会选择从中国的外交着手，展示新时代中国外交的巨大成就，但却陷入了盲目的自信之中。对此，教师应该敏锐地察觉到这一点，同时以翔实的现实资料和科学的理论知识对其偏激和错误的观点进行修正，进而帮助学生以客观、理性的态度和视角去认识中国，认识新中国建交以来的外交政策与活动，真正以一个理性客观的视角去看待中国未来的发展。

3. **总结思考**

主题演讲是思政课的校园实践教学形式之一，它理应比课堂实践教学的影响范围更为广泛。也正因为如此，应该对主题演讲参与者的范围进行调整，不应仅限于正在上"毛泽东思想和中国特色社会主义理论体系概论"的大一学生。不同年级的大学生对于这门课，以及演讲主题的理解程度、思考视角各不相同，只有更多的学生参与进来才能让更多的学生感受思政课校园实践教学的浓郁氛围，感受中国这些年改革与建设的成就，进而建立对祖国的深厚感情。

主题演讲表面看是一个人在台上演讲，实则背后是一个团队的努力。但是在具体校园实践教学环节中，主题演讲在某些团队中运行得却并不好，团队成员之间彼此缺乏信任，也缺乏应有的凝聚力，导致主题演讲成为演讲者一个人的事情，其他团队成员只是旁观者。如果演讲成功，团队全体成员都会跟着受益；如果演讲效果不好，也只是演讲者一个人的责任。这是主题演讲这一实践教学环节中应该特别重视的地方。无论是主题演讲，还是课堂辩论，都只是一种形式，其重点在于对形式背后的内容、主题的把握。因此，思政课首先是思想政治教育课，是以提高学生的思想素质和道德素质为目的的，而主题演讲中部分团队中出现的有功全上、有过都推，团队缺乏凝聚力的现象，与整个思政课的主旨显然格格不入。思政课教师应该先教会青年大学生如何做人，然后再引导其学习如何正确做事。

四、图书寻访

（一）介绍

书籍是人类进步的阶梯，它在赋予我们知识的同时，也在向我们传授生活的道理，当阅读成为一种习惯时，它就能够陪伴我们的一生，让我们受益终身。在过去，图书对于人们的意义重大，人们的知识也大多来源于书籍，"读万卷书，行万里路"[1]这句名言就鲜明地体现了书籍与实践对于人类的重要性。当今时代是一个全媒体、信息化的时代，人们习惯了使用各种电子产品与电子媒介，每天都可以通过微博、微信、抖音、门户网站等各类电子媒介获取海量的信息和资讯，以至于很多人慢慢丢弃了看书的习惯。高校的青年大学生除了上课必须看的教科书之外，较少有人保留着每天读书或者定期读一本书的习惯，对此必须引起我们的重视。作为一名大学生，丢弃了读书的良好习惯，不仅对于学业有影响，而且对于未来的人生发展也是一大损失。图书寻访旨在通过一种贴近现实的方式重新燃起

---

[1] 语出自明·董其昌《画旨》

青年大学生读书的欲望和热情。

具体来说，图书寻访就是思政课教师为了重新唤起青年大学生看书、读书的热情，结合讲授的教学内容，充分利用高校图书馆丰富的图书资源，采用多种形式让一些对青年大学生人生发展、价值引领有促进作用的经典著作、名家名作能够在高校学生中流传开来，让更多的学生能够认真阅读这些经典，领会其中的内涵，而非仅仅知道名著的梗概甚至是仅仅知道名著的名字，但对内容完全陌生。同时，思政课教师还要结合当下青年大学生喜欢的内容题材为学生推荐一些优质的新书，也欢迎学生向教师、向学校图书馆推荐好书、新书，丰富学校图书馆的馆藏。例如，思政课教师引导学生要树立远大的理想并坚定信念、战胜困难去实现理想时，可以推荐学生去图书馆阅读《习近平的七年知青岁月》这本书。一则习近平是我们最为熟悉和敬重的领导人，二则书中对习近平同志插队时的知青生涯有着详尽的描述并且有大量的照片佐证。阅读此书带给学生的不仅仅是关于理想、信念的思考，不同的学生可能还会有新的不同的思考，同时还能把学生从电子媒体的碎片化阅读与娱乐中解放出来，唤起其阅读的兴趣，意义非凡。因此，这种充分利用高校校内图书资源，激发青年大学生读书热情、培养学生读书习惯的实践教学形式，无疑是高校院校思政课校内实践教学的一种重要形式。

（二）教学设计

在当前自媒体、微媒体盛行的时代，人们大都习惯碎片化的阅读，在校的青年大学生也是如此。而事实上，碎片化的阅读固然有利于人们充分利用碎片化的时间，提高人们阅读的效率，但是也有其非常明显的缺点，那就是对知识的阐释和解读无法达到系统、深化，而且更多的是一种快速的、瞬间的记忆，而纸质书籍更适合人们对某一方面的知识进行反复的研读、记录等。众多微媒介的阅读也容易分散阅读者的注意力，表面看似涉猎很广，实则阅读比较浅显，甚至读后即忘，阅读效果不佳。高校院校也是高等教育的重要组成部分，而高等教育重要的特点就在于对某一方面知识的系统了解和掌握，进而能够将其熟练运用、服务社会。因此，在当前微媒体盛行而且微阅读日益成为人们的阅读习惯时，想要激发或者重新唤起青年大学生对于纸质书籍的兴趣并且重拾读纸媒的习惯，就必须采取一些有益的方式和手段。而高校院校开设的思政课程，尤其是"思想道德与法治"这门课，想要达到提升高校学生思想素养、道德素养和法律素养，仅仅靠教师课堂上的讲授显然是不够的，它需要青年大学生广泛阅读各类书籍，真正了解某个事实、某段历史或者某个人物，而不是通过微博、微信里读到的只言片语。例如，讲到青年大学生的理想、信念、责任与担当时，思政课教师总会讲到一些名人、伟人的故事，但是这些片段性质的资料很难勾勒一个鲜活的人物原型，因此它需要一个系统的知识和资料供给，以便青年大学生去感受和理解。讲到习近平同志的理想、信念与责任担当，除了思政课教师的几个故事引入，还需要引导学生去认真阅读关于习近平同志的一段非常重要的成长经历——《习近平的七年知青岁月》，书中详细讲述了习近平同志青年时代的生活与经历，只有深入阅读这些资料，青年大学生才能理解习近平同志为什么会有现在的一系列治国理政的方略，才能理解理想、信念的重要性，才能理解责任与担当沉甸甸的分量。

图书寻访可以充分利用学校图书馆的资源。在一些重点院校的图书馆可能会人满为患，而很多其他院校的图书馆往往比较冷清，很多去图书馆的同学也没有真正很好地利用图书馆的资源。思政课校内实践教学环节开设图书寻访可以利用实践教学激发和唤醒青年大学生对于图书阅读的兴趣，增加青年大学学生知识储备，提升青年大学生的思想道德和法律素养。

1. 设计思路

在"思想道德与法治"课程中"坚定理想信念"和"弘扬中国精神"这两个章节的教学过程中，可以充分利用图书寻访这一实践教学环节，以"理想""信念""中国精神"为关键词，让学生到图书馆去查找相关的资料，并选取其中一本进行精读。读完之后，将自己的读书心得以书面的形式写下来，或者以PPT的形式图文并茂地呈现出来，同时选取几位同学在适当的时候进行读书分享。通过图书寻访这一环节引导学生多看书，在精心选择和精心阅读一本书之后，让学生对"理想""信念""中国精神"有一个系统、全面的认知和理解，懂得树立远大理想对于自身的重要性，理解坚定信念对于实现理想的重要性，明白"中国精神"不是一个简单的词汇，而是中华民族深厚的民族底蕴与精神的有机结合，进而真正将个人理想与社会理想相结合，在实现社会理想的过程中实现自己的个人理想。

(1) 选题目的

当代青年大学生在思想上的一个比较大的问题就是缺乏理想，更缺乏实现理想或者某一个目标的信念，甚至有少部分青年大学生缺乏青年人对于生活应有的热情和激情。当代青年大学生大都自小在父母无微不至的照料中长大，每个家庭无论富有与否，都在尽全力为孩子提供一个良好的物质生活环境。因此，很多青年大学生习惯于享受现有的一切，缺乏一种向上、向前的动力，对未来也缺乏应有的规划。显然，这种现象是很令人担心的。因此，必须通过各种途径与手段来激发学生对于未来、对于理想的再认识。在高校校园内开展图书寻访，让学生通过阅读思考自己，思考未来的人生规划，未尝不是一种好的方式。

当前，我们身处实现中华民族伟大复兴的宏大背景之下，每一个当代青年都肩负此重任，如果连"中国精神"都不甚了解，就更不要说弘扬"中国精神"了。设计图书寻访这一校内实践环节，就是要让青年大学生自己通过阅读书籍去了解、理解到底何谓"中国精神"，只有真正理解"中国精神"的内涵，才能发自内心地去认同它、弘扬它，真正做一个有责任、有担当的当代新青年。

(2) 实践要求

图书寻访表面看是学生去阅读、学习的活动，实际它并不是一个单向度的任务。在图书寻访的整个过程中，其实是思政课教师与学生双向持续互动的过程。

第一，思政课教师要对图书寻访实践环节进行精心的设计与准备。在讲授"思想道德与法治"的第二章"坚定理想信念"与第三章"弘扬中国精神"过程中，要有针对性地安排图书寻访这一实践教学环节。如：开列相关书目，让学生去图书馆借阅；给出检索关键词，让学生去图书馆检索、借阅；布置读书心得的书写规范和PPT的制作要求，以及分享展示的具体要求；图书寻访不仅是让每一个学生自己完成阅读，同时还要让同学们彼此分享阅读的心得体会，让好的图书影响更多的青年大学生，促进青年大学生的成长、成才。

第二，学生认真对待此实践教学环节，并且积极完成相关实践任务。如：选择书目要与"思想道德与法治"的第二章与第三章内容密切相关；

认真阅读自己选择的书目，精读并做好读书笔记，而不能像阅读手机、网站上面的文章那般仅仅是走马观花、快速浏览；既要自己在阅读过程中有所感悟，同时也要将领会的思想精髓以一种完整、立体的方式呈现出来，与更多的同学分享，共同成长。

第三，图书馆馆藏图书是学校的宝贵资源，阅读时必须妥善保管。书少而借阅者众，所以必须整合利用，不能长期占据，浪费有限的图书资源。虽然不同的教师教不同的班级，但是思政课整体的教学进度是大体一致的。因此，在思政课开展图书寻访的实践教学期间，到图书馆借阅书籍的学生会比较多，这就需要学生个体不但要完成具体的校内实践教学任务，阅读好的书目，而且还要注重自己在公共场合的言行，懂得保护学校的图书资源，在规定的时间内借阅，不超期、不毁损图书。同时也要求借阅的学生作为一个群体，要懂得整合资源、合理利用资源，真正让好的图书流动起来，提高图书的借阅率，让更多的同学能够阅读到好书，让学校的图书资源充分发挥作用和价值。

（3）活动评价

每一位同学必须完成一篇书面的阅读心得体会。如果多位同学阅读的是同一本书，可以彼此分享阅读的感受，让大家从不同的视角去看这本书，去体会作者传递给读者的信息。如果时间允许，学生可以制作 PPT，将书中的经典语段，以及读书过程中自己的感受与体会融入 PPT 中，图文并茂，以更为生动、直观的形式呈现给大家，让更多同学能够了解该书的思想和内容。

作为思政课的重要组成部分，学生读书撰写的心得体会切忌抄袭，一经发现，按照未完成实践环节处理。

教师根据学生阅读、分享、撰写、制作等多方面的表现，进行综合评定，最后给予学生此实践教学环节的成绩。

2. 注意事项

图书寻访实践教学环节的设置目的是要把广大青年大学生从碎片化的阅读中解放出来，以实践教学这一必修环节要求学生认认真真阅读一本书，重拾阅读的习惯，体会阅读的乐趣。要求青年大学生不但要阅读，而且还要通过阅读真正有所感悟和体会。

教师一定要注意把握好开列书目的质量，确保开列的书目是当代大学生比较感兴趣的，是真正对学生有益的，同时也是与学生目前所学思想政治课的教学内容紧密结合的。思政课教师还要让学生明了为什么要阅读这本书，知其然并知其所以然，使学生的阅读更具目的性，而不是盲目地阅读，或者为了完成阅读而阅读。

对于那些未选择教师开列书目中的图书而是自行选择图书阅读的同学，负责指导的思政课教师应该及时与学生沟通，了解学生所选阅读书目的内容，防止出现选书不当的现象，或者引导学生从某一个或几个视角来阅读该书，真正让学生的阅读有所收获。

要想让学生有深入细致的阅读，必须给学生足够的阅读时间。同时，思政课实践教学环节的图书寻访因为涉及第二章和第三章两个章节。因此，一般教师会给学生留出一个月的时间来认真阅读、精细阅读，以保证阅读的质量。

3. 总结思考

图书寻访，一方面是为了引导学生在抖音、小视频等微媒体、碎片化阅读的时代能够就某一个方面或者领域进行深入、系统的阅读；另一方面是为了充分利用高校丰富的图书馆资源。最为重要的是让青年学生经由细致的阅读，能够真正在内心有所触动、反思，学会思考自己的人生规划、社会的未来发展、国家的强大、民族的复兴等，逐渐走出泛娱乐化的困境，勇于进行自我反思，勇于担当时代重任。

在进行图书寻访这一环节时，时不时会发现有学生并没有认真、完整地去阅读某一本书，而是粗略看了一下，然后在网络上搜索一些关于此书的书评或者读书笔记来完成自己的读书心得体会情况，这是非常不好的一种现象，也是一种不诚信的表现。"思想道德与法治"最主要的目的就是培养学生思想道德素养和法律素养，因此，这种行为是绝对不应该出现的，一旦出现此种行为，即一票否决，实践教学环节成绩为零。如若没有惩罚措施，"图书寻访"实践教学环节的质量就会大打折扣。因此，在思政课的实践教学过程中，必要的引导、认真的指导与明确的奖惩应该有机的结合。

图书寻访除了教师指定学生阅读的某些书目外，更为重要的是通过这一环节，让青年大学生养成彼此分享好书的习惯，学生之间本身就有很多共同的兴趣和观点，分享的图书也容易引起其他同学的兴趣。此外，优秀的图书有很多，每个人的时间和精力都是有限的，通过彼此的分享可以让学生省去寻找和选择图书的时间，有更多的时间去细细品味和阅读图书，丰富自己的思想，提升自己的品位。

五、知识竞答

（一）介绍

青年大学生对于知识的掌握可以有很多种方式，既有在教师课堂讲授中的理解与识记，也有在课外学习资料中的掌握，还有在社会实践中的获得，其中知识竞答就是一种比较常见的形式。此外，知识竞答也是一种科学知识普及的有效途径，因为为了能够正确回答竞答题目，学生就必须进行全面的知识准备，这样他们势必会广泛地收集和阅读相关的课内、课外资料，这个准备的过程本身也是学生实践和历练的过程。因此，知识竞答既是学生校内实践的一种形式，又能有效调动广大青年大学生掌握知识的积极性，近年来知识竞答也越来越受到高校青年大学生的欢迎。

具体来说，知识竞答就是思政课教师结合教学大纲和教材所学内容，为了考查课程当中的某些知识点和内容，拟定竞答的题目和相关参考答案，组织校内学生以竞赛的方式参与其中，并且通过竞赛的方式来巩固所学知识和内容的一种形式。同时，知识竞答还具有其他校园实践教学形式不可比拟的优势，那就是知识竞答形式非常灵活，既可以在整个大学校园开展，也可以在某个二级学院开展，还能够以班级为单位开展，不同规模和级别的知识竞答都是为了达到同样的目的，那就是帮助青年大学生对思政课或者与思政课相关的内容进行理解和掌握。例如，某高校在思政课教师的倡导和组织下开展了"改革开放四十年"的知识竞答，因为是围绕改革开放四十年所发生的人和事，范围非常广泛，所以学生在准备知识竞答时需要查找和收集大量的与改革开放四十年间相关的资料，这其中涉及政治、经济、文化和社会生活的方方面面。为了得到知识竞答的好名次，在这期间学生学习的主动性往往特别强，而且也非常有针对性。在如此积极、主动、高强度的学习之下，一个非常好的结果就是，经由此次知识竞答，学生对改革开放四十年这段历史时期的相关知识掌握得都非常扎实。由此可见，知识竞答不但能推动学生的自我学习，而且能够在高校范围内营造一种全体学习、热爱学习的良好学习氛围，这也是一种非常好的思政课校园实践教学形式。

（二）教学设计

知识竞答这一校园实践教学形式不同于其他形式，它最能激发学生学习知识的主动性与热情，其他实践教学环节更多的是帮助或者说辅助学生理解某一个知识点的内容。而知识竞答则直接指向知识点，而且对于知识点的涵盖面非常广，它以比赛的方式呈现，激发青年大学生赢得比赛的热情，让学习的主动性随之提升。

1. 设计思路

在"毛泽东思想和中国特色社会主义理论体系概论"中"四个全面"战略布局详细讲述了中国在全面建设小康社会、全面深化改革、全面依法治国，以及全面从严治党四个方面的努力和成绩，而这也正是中国改革开放四十多年历程中，党和国家在各个方面的付出努力和取得成效的集中体现，涉及的内容和知识点非常多，而如何开展课堂教学、如何通过实践教学的环节让青年大学生对这些知识点熟练掌握是一个难题。而知识竞答这一形式恰恰能够将大范围知识点集中于一个实践环节中呈现，而且借助竞赛的方式能够激发学生的学习积极性和主动性。

（1）知识竞答方案的制订

以"改革开放四十周年知识竞答"为主题，通过知识竞答的方式，鼓励和推动学生多多了解和掌握中国改革开放四十年的奋斗历程与取得的伟大成就，激发学生的爱国热情。知识竞答是在全校范围内开展校园实践教学的环节，因此，在比赛时间、场地的确定方面需要学校其他部门进行紧密的沟通协调，如校团委、学生处、党委宣传部等部门。与此同时，知识竞答方案的确定既需要思政课教师的精心策划，也需要与相关部门进行有机协调。

（2）知识竞答工作的开展

整个知识竞答分为初赛和决赛两个阶段进行。每个阶段的竞答题目都分为三个类型，即必答题、抢答题、风险题。竞赛开始之前要进行广泛的宣传和动员，做好宣传工作，吸引和招募尽可能多的青年大学生参与其中。

正在学习"毛泽东思想和中国特色社会主义理论体系概论"的学生，以班为单位参与竞答，每班推选3名学生组成竞答小组。思政课教师主要负责竞答题目的准备。知识竞答现场的主持人、评委和工作人员必须经过培训和演练。预赛以行政班级为单位，通过一周的预赛环节，产生有资格参加决赛的队伍。

知识竞答共设一等奖1个、二等奖2个、三等奖3个和优秀奖若干。

2. 注意事项

知识竞答是激发青年大学生主动学习的好方法，也是检验其学习成效的好办法，但是检验离不开好的检验载体，知识竞答过程中各位思政课教师出具的知识竞答题目就是这一非常重要的载体。这些题目必须是对中国改革开放40年建设探索与经验成就的高度浓缩，因此，思政课教师的工作量非常大，不但出题数量要能满足预赛和决赛的需要，而且出题的质量必须高，严禁有语意不清、含糊其词的问题出现。

知识竞答是一场场非常激烈的比赛，因此要求参加竞答比赛的评委必须公正、公平地去评判，严格遵守比赛要求，严禁偏袒任何一方或者有不诚信行为出现。

知识竞答因其竞赛性质，对竞赛现场的灯光、音响、投影、电脑、抢答器等硬件的要求很高，其中任何一项出现问题都会影响比赛现场的成绩，所以对于后台工作人员的要求也非常高。知识竞答在正式开始之前要进行彩排，及时发现问题、排除隐患，确保正式比赛现场的万无一失。

知识竞答对于参加的青年大学生来说就是一场场比赛，比赛就意味着有输有赢，要求选手无论成绩如何都必须秉持着"友谊第一，比赛第二"的原则，遵守赛事规定和要求，不得无理取闹，影响他人比赛。

3. 总结思考

在以往的一些知识竞答活动中，组织者往往会创建一个知识题库，让参与知识竞答的学生提前通过题库中的题目进行练习，这样可以调动参与竞答学生的积极性，让其对竞答比赛有所准备。但是需要注意的是，此种形式比较适用于预赛环节，因为预赛相对于决赛来说，难度较小，参赛学生的准备工作，无论是在时间上还是在难度上都不太充分，如果有题库题目可供参考、学习，对于初次参加知识竞答比赛的学生也是一种帮助。但是进入决赛环节，竞答比赛的难度就会大大增加，不但要有教材上的知识点，还需要有结合现实生活实际的题目出现，以考查学生的分析和判断能力。这一点需要引起出题教师的注意，也是在以后知识竞答环节需要加以完善的。

高校有着丰富的技能竞赛经验，无论参加技能竞赛还是主办技能竞赛，知识竞答这一思政课的实践教学环节目前来看还比较单一，不能全面反映参赛选手的水平。在今后的知识竞答筹备过程中，可以吸收和借鉴学校主办专业技能竞赛的经验，丰富思政课知识竞答的内容与环节，进一步激发学生学习的主动性和参与竞答活动的兴趣，关注社会动向，关注国家发展，做一名新时代合格的大学生。

六、校园文化节

（一）介绍

1. 校园文化节的含义

高等院校云集了来自全国各地的大学生，他们兴趣广泛且多才多艺，因此，高等院校的校园文化向来类型多样、丰富多彩，这也为大学生发挥和施展自己的才干提供了广阔的舞台。校园文化的丰富性体现在其既有与大学生学习密切相关的文化活动，如各领域的技能竞赛等；又有与大学生兴趣爱好关系密切的文化活动，如舞蹈、民乐演奏等；还有紧密结合时代特色的网络相关活动，如"××大学最美志愿者网络评选活动"等。党中央、国务院一直以来非常重视大学生文化节的建设，注重充分发挥大学校园文化的育人功能，不断引导大学生积极参与和谐校园文化的建设，在建设和推广校园文化的过程中促进当代大学生的全面发展，展示高等院校在素质教育方面的显著成果。在影响和改变人的思想和观念方面，恐怕没有任何一种形式能够比文化这一形式更加深刻且细腻地发挥其作用了，文化往往以一种"润物细无声"的方式在潜移默化中影响和改变着人们。身处高校校园的青年大学生每日浸润于校园文化的熏陶之中，自己在不知不觉中也有了改变，而很多时候学生自己却浑然不觉。因此，我们应该充分利用文化及与文化密切相关的形式和载体来影响和改变学生。

具体来说,校园文化节就是为了实现在潜移默化中影响和改变高校青年大学生的世界观、人生观和价值观。思政课教师及高校学生工作部门、团委多方协同在高校校园内推进校园文化节的建设,其中学生工作部门主要负责学生的培训与管理,团委主要负责学生文化社团的组织,思政课教师主要负责文化节主题的确定及学生社团活动的指导与提升。校园文化节的文化活动丰富多彩、形式各异,也正是因为丰富多样,很容易落入俗套,没有思想内涵;文化节的主旨不是单纯让大学生热闹一番而已,而是要借由校园文化节中贴合大学生实际的各类活动,引发学生对于人性、社会和国家、民族的思考。与此同时,在思政课教师的指导下,学生能够意识到自己身上肩负的责任与重担,进而通过社团活动去进一步影响和改变周边的同学,从而达到改变高等院校校园文化环境和氛围,并使其更富思想性的目的。

2. 高校校园文化建设的重要性

(1) 培养青年人才精神独立

不同于以往,当代大学生受家庭因素、经济条件,以及网络环境等多方面要素影响,精神世界相较匮乏,不具备良好的独立人格素养,容易被不良社会信息所左右。针对当前00后大学生,加强当代高校校园文化建设,提高校园建设环境契合度及学生认可度,对培养高素质人才精神独立意识及丰富精神世界,具有不可替代的重要作用。

(2) 构建高校和谐教育环境

校园文化建设主旨不局限于利用校园文化形成良好的校园管理导向,其本质是运用校园文化极强的感染力,帮助学生、教员、领导层产生自我约束,并如此往复推动高校教育工作的良性循环。因此,构建高校和谐教育发展环境,确保高校教育工作推进的自主性,方是高校校园文化建设的重要根本。

(二) 教学设计

大学校园不但是青年大学生学习知识、增长才干的地方,也是其提升文化道德修养与综合素质的重要场域。校园生活的浸染、校园文化的熏陶,在潜移默化中改变和影响着大学校园内的每一位学子。校园文化节是高校校园内一项非常重要的活动，它能将校园内很多不同的部门调动起来，同时也能给青年大学生提供很多展示自己、学习他人、团结互助的机会。校园文化节可以一年举办一次，也可以一年举办几次，既有某一主题的系列活动，也有不同主题的活动。总之，无论是哪类活动，都是在我国社会主义核心价值观的指引下，在广泛收集青年大学生意愿的基础上开展的，旨在通过一系列的校园文化活动激发学生的参与热情，提升学生的文化素养。

作为思政课校园实践教学环节的重要组成部分之一，校园文化节往往紧密结合本校的实际、本校学生的实际，以及思政课实践教学的主旨展开。例如，很多高校思政课校园实践教学环节的校园文化节，都曾经选择弘扬传统文化、弘扬传统美德作为主题，在这一主题的指引下，青年大学生从不同角度来诠释、演绎传统文化，让更多的人对传统文化有了更新的认识、更深刻的体会。如学习法律专业的学生，从中国法律的历史渊源出发，以生动的方式展现不同时代的法律沿革与演进，让很多非法律专业的学生对中国法律有了新的认识；而学习电脑艺术设计专业的学生则利用自己的专业特长，将中国许多优秀的传统文化知识，如孝文化，以动画或者其他艺术设计的方式展现出来，既形象又生动；还有很多青年大学生以经典诵读、歌舞、器乐演奏等方式来向其他同学展示中国传统文化、传统道德的魅力。校园文化节以一种轻松愉悦、青年学生喜闻乐见的方式将思政课上想要传递给学生的思想、理念如春风化雨般渗透到学生的心里，意义非凡。

1. **设计思路**

"思想道德与法治"中的"明大德、守公德、严私德"这一章节是一个涵盖面非常广的章节，既涉及个人品德，又涉及家庭美德、职业道德，还涉及社会公德，而这些正是一个人的立身之本，一个国家、社会的安定之本。这一章的重要性自然不言而喻，仅仅通过课堂讲授或者课堂上的某些实践教学环节，显然还不能真正将第五章的内容完全且深刻地印到学生的头脑当中。校园文化节以校园为载体，以文化为内涵，通过多种形式的活动参与，引导学生在参与校园文化活动的过程中深刻感受中华传统文化的博大精深，感受中华传统美德的无穷魅力。进而在传统美德的引领下懂得道德的重要性。感受和体会美德固然重要，但是身体力行去践行传统美德才是真谛，因此，大学生要在今后的生活、工作中真正去践行和弘扬中华传统美德。

（1）主题确定

校园文化节的主题直接决定着整个文化节筹备、运营方向，以及人员、场地、设施的安排，基于"思想道德与法治"中的第五章"明大德、守公德、严私德"的学习内容，可以选择一期主题为"弘扬中华传统美德的校园文化节"。主题的确定就意味着这一期校园文化节都是紧紧围绕中华传统美德展开的，旨在通过各种类型的文化活动让大学校园内的青年大学生从不同角度感受、理解中华传统美德，用自己的行动去弘扬中华传统美德，进而在现实生活中深刻践行中华传统美德。

（2）内容确定

中华传统美德的内涵极为丰富，既然选择了"弘扬中华传统美德"作为校园文化节的主题，就应该在文化节的活动内容中尽可能涵盖多的传统美德内容，如传统孝文化、传统礼仪、传统家庭美德、传统职业道德、优良个人品德等。校园文化节中可以以不同的活动形式将上述内容呈现出来，如经典诵读、传统歌舞、器乐演奏、舞台表演、书法绘画展等，彰显传统美德持久的生命力和无限魅力，让更多的青年大学生了解中华传统文化，弘扬中华传统美德。

（3）部门职责分工

校园文化节是一个大型的、综合性活动，仅仅依靠思政课的几位教师是无法完成的，需要高校多部门的通力协作，学生处、校团委、各个院系、学生社团等都是整个校园文化节有序进行的坚强保障。由于活动是以"弘扬中华传统美德"为主题，所以要求思政课教师要先对中华传统美德的大概内容进行框定，如将传统美德分为几个组成部分，这样各个相关部门、社团可以根据自身的特点和特长选取其中之一进行筹备和组织。

2. **参考资料**

资料：弘扬传统美德，展示青春风采——××学校第×届校园文化节策划方案。

（1）活动目的

为了切实引导和帮助当代大学生将中华传统美德内化于心、外化于行，进一步丰富我校师生的文化生活，促进校园精神文明建设，为青年大学生搭建参与和体验中华优秀传统文化，感悟中华传统美德的平台，要全员参与，充分利用各项活动提升青年大学生的综合素养。

（2）活动主题

活动主题：弘扬传统美德，展示青春风采。

（3）活动时间

活动时间：××年××月××日—××年××月××日。

（4）活动组委会

组长：××。

组员：××、××、××、××。

（5）活动内容

①开幕式（负责人：××）（时间）。

②主要活动。

A. 宣传类（负责人：××）：

社团优秀文化成果展（以展板的方式展示，充分展示第二课堂成果）；

最美社团人风采展示（以展板的方式展示，充分展现优秀社团学子的风采）。

B. 活动类（负责人：××）：

传统经典诵读活动（时间）；

中国传统器乐演奏活动（时间）；

书法与绘画爱好者交流活动（时间）；

C. 评比类（负责人：××）：

最美社团人评比活动（时间）；

孝善之星评比活动（时间）；

"传承美德，展示风采"院系文化墙评比活动（时间）。

③闭幕式（负责人：××）（时间）。

（6）活动要求

①思政课教师、各班班主任要积极宣传、有序组织，做好相关工作；

②各班班主任要充分调动学生参与校园文化节的积极性，有序组织并认真指导本班学生认真开展文化节期间的各类活动，并主动参与，为文化节增光添彩；

③各位教师，尤其是思政课教师要积极参与文化节的各项活动；

④各部门应积极支持校园文化节各项工作的开展；

⑤各评委老师要准时到场，认真负责，公平、公开、公正进行评选；

⑥×月×日下午召开文化节活动碰头会，确定文化节的大体方案；

⑦各活动负责人请于×月×日前将活动策划方案最后确定；

⑧×月×日下午前各活动负责人将文化节活动定稿发至各班级；

⑨各活动负责人必须严格按既定时间开展活动，活动精彩照片、新闻稿件要及时提供，以便及时报道。

（7）评奖办法

为鼓励各班级及个人积极参加文化节活动，表彰文化节期间表现突出的班级及个人，学校决定给予奖励，由学生处统一统计汇总并公示，具体奖项设置及评比办法如下。

①个人奖项。

A. 校园之星奖（5名）。

授予本届文化节参加三项以上活动、总分前3名的参赛选手本届校园文化节"校园之星"荣誉称号。

B. 优秀组织指导奖（4名）。

授予班主任3名，思政课教师1名。

本人应该积极动员学生参与活动，认真组织学生有序参与各项活动，工作扎实有成效。

C. 集体奖项（5名）。

优秀班级奖：班级同学参与热情高，个人和集体在文化节活动过程中表现突出，参加的项目种类多、参与人数多、获得奖项多，按照综合评分的前后顺序奖励前5名。

3. 注意事项

校园文化节是一个整体性活动，是各个部门、团体组织共同协作的结果。因此，整个校园文化节从预先筹备到具体的活动组织再到奖项的设置与评选，都需要团队的协作，不能单纯依靠一个人或者几个人来完成。

校园文化节中有一部分评比活动，评比的过程中评委务必要做到公平、公正、公开，真正创造一个公平透明的竞争环境，让青年大学生不但能够享受比赛的乐趣，更能深刻感知和体会公平带来的乐趣。

除去个人展示、评比的活动，班级应该是校园文化节参与的基本单位，以弘扬传统美德为主题的校园文化节更应该是班级团结协作、凝聚力量的最佳展示平台。与此同时，在参与校园文化节的活动过程中，要让班级学生感受团队协作的力量与重要性，让学生体会个人与集体之间密不可分的关系。

校园文化节是一个展示学生才艺、促进学生发展的平台和载体，学校及其相关部门作为校园文化节的组织者应该设计更多的环节，让有不同特长的学生都有展示自己的机会。同时也能有机会向其他人学习，增长自己的才干，提升自己的审美情趣，做一个真正有文化之人。

4. 总结思考

校园文化节的主题应该贯穿整个活动的过程中，让参与活动的青年大学生随时随地、每时每刻都能感受到校园文化节所要传递的信息，让青年大学生在轻松愉悦中感受校园文化的魅力，不断融入校园文化之中，真正成为优秀校园文化的践行者和代言人。

校园文化节是一个考验学校各部门之间及师生间团结协作的大型活动，不仅需要学校教师的努力，而且需要教师与教师、教师与学生、学生与学生之间的通力协作。校园文化节既是展示校园特有文化的平台，也是不断创造新的校园文化、发挥校园文化凝聚力的平台，还是将校园文化渗透到青年大学生头脑、行为的重要载体。因此，不能把校园文化节狭隘地理解为某个时间段的具体活动，而应该是持久校园文化的阶段性展现，让高校青年大学生能够持久浸润于良好的文化氛围中，不断充实自己、提升自己。

"文化"二字不仅仅是知识层面的外在表现，更是根植于内心的修养、无须提醒的自觉和为他人着想的善良。校园文化节更深层次的目的在于，经由持续、经常性的文化活动，让青年大学生接近传统文化、传统美德，做一个真正的文化人、品德高尚的人。

七、课外作业

要想让学生对于某些知识点的理解和掌握比较扎实，仅仅依靠课堂上有限时间内的教师讲授显然是不够的，还需要学生在课堂之外勤加思考和练习。课堂之外一般学生的时间都比较充裕，而且身处高校，最大的资源优势就是学校的图书馆。当前高校图书馆的馆藏资源都非常丰富,再加上现代社会互联网技术非常发达,学生可以借助很多媒介来查找、阅读相关文献或者历史资料。在查找阅读的同时也锻炼了学生对海量资讯甄别、选择的能力。因为互联网虽然可以给人提供海量的资讯和信息,但这其中信息有真有假、良莠难辨,需要学生进行去粗取精、去伪存真,从而获得真正有用的资料。

具体来说,课外作业就是思政课教师根据教学所需,结合学生在课堂上对某些知识点或者理论的掌握程度,有针对性地设计一些思考或者实操性的作业,让学生在课堂之外完成。需要注意的是,课外作业不应该停留在思政课教材中某个具体知识点的背诵与读写上,而应该是源于教材而又高于教材,是在能够将教材内容与个人生活、家庭、社会乃至国家相联系的具体问题的思考与实践上。面对这种类型的课后作业,学生往往难以在互联网上查询到直接的答案,而是需要在查找资料的基础上,自己去思考,去建构,去实践,真正经由自己的付出与努力获得答案。思政课的这种校园实践教学方式也是检验学生对课堂所学知识、理论掌握程度,以及理论联系实际的一种非常好的方式。

第三节 高校思政课社会实践教学

社会实践教学不同于课堂实践环节中学生的自主参与,也不同于学生在校园内部各类实践活动的参与,它是依据课程的教学任务和教学要求,在教师的指导之下,有计划、有步骤地参与校园外的各类社会实践活动的形式。由于学生大部分时间都是在校园内部学习、生活,所以,社会实践教学更多的是高等院校大学生在寒暑假或者节假日的空余时间,到社会中参与实践活动。思政课上讲述的很多关于人生、社会、经济、政治等方面的理论知识都比较抽象,需要学生在参与社会活动中对此方面的知识有真实的感受,才能对这一知识点有更深刻、更全面的认知。

社会实践教学的形式一般包括校外参观、公益活动、社会(家庭)调查、勤工助学、志愿服务等。多种形式的社会实践活动可以为大学生提供多种渠道了解历史、现实和生活。例如，校外参观，特别是展现革命和建设历史的纪念馆参观，可以让当代大学生更直接地感知某一历史事件的发生背景和发展过程；参与公益活动和志愿服务，可以让大学生通过接触社会、参与社会生活，改变原有对社会的偏激看法和认知；大学生勤工助学等，可以让大学生通过具体实践感受生活的不易，理解父母的艰辛，进而树立正确的人生观和价值观；大学生参与社会调查或者家庭走访调查，可以让学生对某一社会现实有更为全面的认识，培养正确看待问题的习惯，能够以积极、正向的视角去看问题。

社会实践教学的重要性不言而喻，社会实践教学的效果也是其他方式难以匹敌的，但是社会实践教学也有其特殊的要求。首先，社会实践教学需要教育行政部门或者高等院校，对于这一实践教学形式给予时间安排上的支持与协助；其次，还需要有效整合各类资源，一起为思政课的社会实践教学提供多方面的便利和支持；最后，还需要高等院校对思政课社会实践教学给予经费和组织管理方面的鼎力支持，离开实践经费的投入，社会实践活动可谓寸步难行，离开学校各部门的有效协调与组织，社会实践教学很难有序稳定、长期开展下去。

要想让当代的青年大学生学有所获、学有所成，仅仅依靠课堂讲授显然不够，更需要学生在课堂之外、校园之外的家庭、社会生活中去体会和感悟，才能真正收获学习、生活的真谛。思政课校外实践教学就是充分利用大学校园之外的广阔空间，来影响、锻炼和提升当代青年大学生的思想道德修养和社会责任感，将青年大学生的个人实践与广阔、生动的社会活动空间相联系起来，真正教会青年大学生如何做人做事。

一、基地实践

（一）介绍

理论讲授与实践锻炼相结合才是学生理解和掌握知识的最佳方式，高等院校历来非常重视实践教学基地的建设，力图将学生的校内学习与校外实践有机结合起来，真正达到学以致用的目的。但是就目前状况来看，高等院校的实践教学基地更多的是倾向于学生专业技能的实践。如司法类专业的实践教学基地多为各级基层法院、检察院；而文秘类专业的实践教学基地多为各类企业或者专为企业提供文秘类职员的公司或人力资源公司；社会工作专业的实践教学基地多为街道办事处、社区居委会或者各个社会工作专业机构。这些实践教育基地都是与学生的专业技能实习直接对接的，而专门的思政课实践教学基地则比较少。然而在当前社会思想多样、价值多元、生活方式也日益多元的背景之下，青年大学生的思想和行为也日益多元，要想引导学生树立正确、科学的价值观，培养符合社会规范的行为方式，思政课教学就需要有一套行之有效的理论和实践相结合的教学方式。

具体来看，基地实践就是思政课教师带领高校学生走出校园，走到学校定点的校外实践基地进行实地生产、制作或服务，真正以一名劳动者或服务者的身份去接触社会、感知社会、了解社会，进而服务社会。在此过程中教师要根据教学需要和教学目标引导学生有所思考和感悟，对人生、生活、工作、社会形成更为理性的认识，进而确立科学的世界观、人生观、价值观。一般来说，每一所高校所在的城市或地区都有一定数量的历史文化古迹和红色革命遗址或者博物馆，这些地方都蕴藏着丰富的教学资源，如果作为高校校外实践教学基地，可以让学生在思政课上学习知识的同时，深入到这些基地进行实践。例如，培养高校学生成为红色教育基地的实习讲解员、引导员等。让学生作为一名讲解员去为参观学习的学员进行相关史料的讲解，是一个非常好的历练机会，同时也有助于学生对于自己在课堂上和校园内所学知识有一个主动深化理解的过程。因为讲授与学习不同，学会了不一定就能完整顺畅地讲述出来，更不一定能讲好；而能够完整、清晰地把某一个史料或者知识点讲述给听众，讲述者本人一定是学懂了、学会了。由此可见，基地实践是一种真正有利于学生将课堂所学内容转化为自身实际行为的、不可或缺的实践教学形式。

习近平总书记在学校思政课教师座谈会上强调，推动思政课改革创新，要坚持理论性和实践性相统一，用科学理论培养人，重视思政课的实践性。学生接受思政教育是一个知、情、意、行相统一的过程，每一个环节都不可或缺。对学生而言，仅仅开展课堂的理论教育教学是不够的，还需配合外出参观考察、活动体验等实践教育教学。思政课实践教学是思政课教学的重要组成部分，是思政课课堂理论教学的拓展和延伸，是使学生在实践活动中将所学理论内化为思想与行为的重要环节。思政课校外实践教学基地是开展思政课实践教学的重要载体，搞好校外实践教学，开辟、建设校外实践教学基地十分必要和重要。高校开辟、建设一批稳定的思政课校外实践教学基地并予以充分利用，对于搞好思政课实践教学，加强对师生的爱国主义、历史文化、革命文化及社会主义核心价值观教育将会发挥重要作用。

（二）教学设计

思政课校外实践教学能够有效弥补课堂实践教学与校内实践教学的不足，校外基地实践教学给高校青年大学生提供了近距离接触社会、了解社会的机会，同时也有助于锻炼和提升其职业技能。更为重要的是，它能够在真正的实践中修正学生的思想、理念和行为。

基地实践不仅是思政课实践教学的必要组成部分，也是当前高校增强学生职业技能与素养的必要途径。基地实践从职业道德素养的角度看，能够通过真实的职业环境、职业生活，让学生对职业有更为全面、立体的认识，同时体验职业生活的严谨，对职业产生敬畏之心，提升职业道德与职业素养；从思想道德素养的角度看，可以让学生对生活、对社会有真实的体验，懂得生活的不易，懂得父母每日工作养家的不易，懂得正确看待每一份职业及其从业者，树立一种积极向上的人生态度，进而建立正确的人生观与价值观。

1. 设计思路

（1）实践方案的制订

校外实践是高校与实习单位为共同培养学生成长而建立的一种合作关系，通常高校与校外实践基地都有长期合作，双方一般都签有合作协议，协议明确了双方的权利和义务。学生应该严格遵守学校的实习规定，认真完成实习单位布置的工作，遵守实习单位的工作纪律；实习单位应该给学生在本单位实习提供支持与便利。高校与实习单位都希望学生在有限的实习时间段内能够学有所思、学有所获。与此同时，学生进行校外实践必须严格按照实践方案进行。一般来说，实践方案包括了学生实习的时间、地点、内容、注意事项，以及成绩的评定、学分认定等。实践方案是校外实践的基本指引，因此，必须在校外实践进行前制订一个完整的、贴合具体实践情况的校外实践教学方案。

（2）校外实践前的准备工作

凡事预则立，不预则废。作为思政课的校外实践教学，思政课教师必须在校外实践教学活动进行前，就对此次实践教学所要达成的目的有一个清醒的认识，而实践目的的达成与思政课上所学的内容是密切相关的。以法律专业所到的检察院、法院等实习基地为例，实践之前必须明确此次实践教学的目的，不但要让学生通过参与证据采集、庭审现场等活动，感受不同人的人生轨迹、人生目的、人生态度和人生价值，而且还要真实感受作为一名司法工作者对待工作应做到有敬畏、严谨与缜密。简言之，从案件当事人身上可以看到不同人的人生观、价值观，从司法工作者身上可以看到职业道德。

（3）校外实践过程中的指导

校外实践过程中，学生离开学校，进入实践单位，而单位不同于学校，有行业和单位固有的工作规范，参与校外实践的学生必须遵守。这一点，校外实践的指导教师必须给参加实践的学生以清晰的指导，如在司法系统实践的学生，指导教师必须明确指出违反工作操作规定可能造成的严重影响，一个很小的失误，既会给当事人造成严重影响，也会影响司法判决的公正性。此外，如果高校学生到红色教育基地做讲解员，指导教师应该要求学生先全面了解教育基地的历史及概况，同时能够准确、熟练向他人讲述教育基地的相关情况，讲红色故事、传递红色精神、做红色传人、不做有损基地和学校声誉的事情，不做违反基地规定的事情。总之，虽然学生走出校园，但是教师的指导不能缺位。

（4）校外实践后的交流分享

校外实践之前思政课教师要给学生布置一些实践过程中需要注意观察和思考的问题，如法律专业学生实践过程中每一个大学生面对的当事人和法官、检察官都不一样，每一个学生观察到的内容不同，每个人的体会和感悟也就各不相同。实践之后的交流分享环节可以让学生分享自己的所见、所闻、所感。一方面分享实践过程中的经历，感受干好一份职业的严谨与不易；另一方面，学生之间可以经由分享在思想上产生激烈的碰撞，对自己的人生有一个新的认识，修正自己的人生目的、态度和价值观，对职业心怀敬畏之心，理解职业道德对于个人发展与社会和谐的重要性。

（5）成绩评定

校外实践教学中，虽然教学的场域和形式发生了变化，但始终是思政课教学的重要组成部分，而且是必修环节，因此必须有一个严格而完善的考核环节。校外实践教学环节成绩的评定主要由三个部分组成：一是实习单位指导教师的评价，二是校内指导教师的评价，三是实践报告的撰写与实践后的分享交流。这三个部分可以较为全面地反映一个学生在校外实践期间的综合表现。

2. 注意事项

不管是与提升职业技能的专业实习相结合的思政课校外实践教学，还是单纯的思政课校外实践教学，其目的都是为了让青年大学生能够通过亲身参与社会实践，对人生、对职业、对生活、对社会能有一个更为深刻、理性的认识。在基地实践活动结束之后，要让学生撰写接触专业的感知，通过撰写专业感知促进青年大学生对基地实践的再思考。例如法律专业的学生到司法机关的校外实践，要求学生在实践中注意观察和分析司法工作者与案件当事人的言行举止，分析作为一名司法工作者应该具有哪些职业素养和职业道德，分析作为案件的当事人在案件发生、发展过程中存在哪些需要改进的地方，思考自己在司法机关实践的过程中与司法工作者、与案件当事人的交流沟通过程是否顺畅，有哪些做得不到位的地方等。

到红色教育基地做讲解员，要求学生带着这些问题去实践：一个人的人生到底应该怎么过？自己应该以一种什么样的态度去面对未来的人生？个人的价值应该通过什么样的方式去实现？个人与社会的关系到底应该是什么样的？只有结合自己的亲身实践，结合自己对于抗日英烈的近距离了解，才能对上述关于人生目的、态度、价值等问题有一个比较清晰、深刻的认知。

实践教学除了学生的实践，教师的指导也必不可少。当学生在实践过程中遇到困惑、难题时，教师应该及时给予解答，消除学生的困惑，帮助学生建立正确的思考方式和正确的价值理念；对于学生在撰写实践报告的过程中遇到问题，教师也应该及时加以指导和解答。

基地实践过程中学生都身处校园之外，个人安全是最为重要的，指导教师必须将安全方面的注意事项及时传达给学生，并要求学生认真执行，确保学生在基地实践期间的人身安全。

3. 总结思考

实践的目的在于深刻理解课堂上所学的理论，经由实践去验证理论的正确性。人生应该怎样度过，应该以一种什么样的态度去面对人生，什么样的人生才是真正有价值的人生，这些问题对于那些涉世未深的青年大学生，仅仅依靠课堂上的讲解，他们只能一知半解，甚至会对思政课教师讲述的内容不以为然。只有他们自己亲眼看过、亲身体验过才能真正对教师课上所讲内容有一个较为理性的认识。禁毒教育基地的实践，不仅仅是要告诉青年大学生不能靠近毒品，更应该通过他们每天给他人讲述的一个个活生生的案例，让他们深刻感受到一旦沾染毒品，他们的一生就会如同案例中当事人那般家破人亡、妻离子散，身体每况愈下，更何谈人生发展、人生价值。

当代大学生的权利意识日益觉醒且强烈，他们习惯从消费者、纳税人的视角去审视别人，对他人的要求也比较高，而对自己的要求和约束相比之下却要差一些，职业道德看似基本要求，真要做到也非常不易，自己未来也要遵守并严格执行职业职责与职业道德。同时，也要让青年大学生懂得道德在不同领域的重要性，懂得个人品德、家庭美德、职业道德、社会公德对于社会、国家及对于每个人的重要性。

二、校外参观

（一）介绍

观察是一种很好的学习方式，个体想要了解和掌握某方面的知识，亲自去实践每一个行为、活动，只需要认真观察他人是怎样做的即可。模仿也是一种很好的学习方式，当个体不会、不知该如何做出自己的行为时，可以通过模仿他人的正确行为来达成目的，这是一种非常简洁但是效率很高的学习方式。当代青年大学生求知欲望强烈，想要学习和了解的东西很多，但是因为学生的身份及时间、精力有限，无法事事都通过自己亲身实践去达成。因此，利用假期到校外去参观考察，在参观的过程中观察和模仿优秀人物的行为，不断改造自己的行为，就成为一种非常好的学习方式。

具体来说，校外参观就是思政课教师结合具体教学内容的进度和安排，组织青年大学生走出大学校园，进入具有学习和考察价值的场所，让学生在真实的场景之中去倾听、观察和了解某一个具体的历史时期，不同人的所思、所想和所为，进而受到启发、感染，有所收获的一种校外实践方式。校外参观看似简单，实则需要思政课教师的大量付出。教师不但需要结合教学内容，以及教学所要达到的目的去选择参观的地点，而且还需要准确把握每次外出参观在青年大学生的思想和行为上，会产生怎样的影响和效果。要想让青年大学生深刻理解和领会思政课程中的内容，仅仅依靠教材上有限的内容讲解显然是不够的，而校外参观则能很好地弥补这一不足。例如，讲到理想信念、为人民服务的宗旨，以及当前精准救助的政策等部分内容时，可以组织学生去参观习近平同志知青下乡时居住过的梁家河村，看看习近平同志当年住过的窑洞、开挖的水井、修建的沼气池、修筑的大坝……让学生感受当年习近平同志生活的真实场景：狭长的土炕要住六位知青，他们睡觉时腿都无法伸直，而且土炕上跳蚤成群，在每天各种重体力劳动的情况之下，食物还非常紧缺。但就是在如此艰苦的环境之下，习近平同志仍然坚持每天看书学习。七年的知青岁月磨炼了他的意志，也正是在如此恶劣的生存环境之中，在这段与众多淳朴友好的陕北老乡一起生活的日子，激发了他扎根基层、服务人民、立志帮助众多身处困境的人民走出贫困的决心。看过了这些最真实的场景，倾听了真实的故事，青年大学生的感受才能更真切，他们才能懂得和明白为何习近平同志会有这些治国理政的理念和政策，为何要树立理想和信念，什么样的理想和信念才能称得上是崇高的理想，这种校外实地参观带来的心灵震撼也是其他方式无法比拟的。

（二）教学设计

校外参观是思政课校外实践教学的形式之一，它带领青年大学生走出校园，走到革命先烈曾经战斗过的地方，走到纪念革命先烈的纪念馆，走到在中国革命和建设过程中具有里程碑式意义的纪念场馆，让学生感受先烈们当年的英勇事迹，激发当代青年大学生的爱国情感。

1. 设计思路

"毛泽东思想和中国特色社会主义理论体系概论"阐述的是中国共产

党人领导人民进行革命、建设、改革的历史进程，以及其在这一进程中所积累的宝贵经验。无论是毛泽东思想还是邓小平理论抑或习近平新时代中国特色社会主义思想，都有其形成的独特背景，都与那个时代党的领导核心人物的生活、工作经历密切相关。正因为如此，思政课教师可以带领学生走出校园，走到领袖人物曾经生活和工作过的地方，去了解和感受他们当时的所思、所想，去了解他们的决策背景，这种实践教学方式具有其他实践教学形式无可比拟的优势。以"新民主主义革命理论"这一章节为例，李大钊同志在新民主主义革命过程中做出的贡献是卓越的，而李大钊同志的故居就在北京，因此，对于北京的学生来说，外出参观具有可行性。下面以参观李大钊同志的故居为例，就校外参观的具体方案设计如下。

（1）确定方案

外出参观，表面看只是乘车去某个地方进行参观，实际背后有诸多事宜需要处理，如参观时间的确定、参观人数的确定、参观路线的确定、车辆的确定，以及为学生购买意外险。

①参观时间。"毛泽东思想和中国特色社会主义理论体系概论"课所在学期的某一个周末。因为该门课程是大班合并上课，有的是两个合班，有的是三个合班，工作日各班课程安排不同，无法实现同时外出参观。

②参观人数。原则上每个人正在学习"毛泽东思想和中国特色社会主义理论体系概论"的学生都必须去，但是因疾病或其他原因请假者例外。参观人数由班主任提前一周确定，并将参观人数统一报送。

③参观协调。带学生外出参观任务艰巨，思政课教师可以整合资源确保活动得到学校更多部门的支持与协助，如寻求学生处、校团委在人员和安保方面的支持等。

（2）组织参观

参观过程中各班有序进入、离开，不得喧哗、打闹，要认真聆听讲解员的讲解，如有疑问需要解答，举手示意带队老师。

（3）撰写观后感

外出参观不是走马观花般看看了事，而是要在仔细参观的过程中有所感悟并形成新的认知，通过实地参观更能了解革命先烈当时所处的困境与革命过程的艰辛。因此，撰写观后感是确保学生能够认真聆听讲解、仔细观察革命先烈曾经的足迹的一种手段。同时，观后感要求手写，杜绝抄袭。

(4) 成绩评定

此项实践教学环节中学生的表现主要由两个方面组成，一是外出参观时的表现，二是观后感的撰写质量。评价主体由思政课教师和学生课代表共同组成。

2. **参考资料**

资料：北京李大钊故居

李大钊（1889—1927年），字守常，中国共产主义运动的先驱、伟大的马克思主义者、杰出的无产阶级革命家、中国共产党的主要创始人之一。在党的二大、三大、四大都当选为中央委员。1924年底，任党的北方区执行委员会书记。1922年受党的委托在上海与孙中山先生谈判国共合作，以共产党员的身份加入国民党。1924年出席国民党一大，当选为中央执行委员。1927年被反动军阀杀害于北京。

从1916年夏至1927年春，李大钊在北京工作、生活10年，先后居住过8个地方。1920年春至1924年1月，李大钊一家在石驸马大街后宅35号（今西城区文华胡同24号）北院居住将近四年，这是他在故乡之外与家人生活时间最长的一处居所。1979年8月21日，李大钊故居被公布为北京市重点文物保护单位。

故居为一小三合院，占地面积约550平方米，有北房3间，东、西耳房各2间，东、西厢房各3间。其中北房东屋为李大钊夫妇的卧室，东耳房为李大钊的长女李星华的卧室，东厢房北间为李大钊长子李葆华的卧室，东厢房南间为李炳华的卧室。西厢房为李大钊的书房。

李大钊故居在中国共产党的历史上有着特殊的价值。在后宅胡同居住的时期，是李大钊人生事业的第一个黄金时期，也是他异常忙碌的时期。他为传播马克思主义、创建中国共产党、建立国民革命统一战线，巩固和发展国共合作、领导北方革命运动做出了巨大贡献。他也是名重当世的具有高尚道德品质的学者和思想家。在此期间，李大钊发表各种文章140余篇，文字总量超过33万余字，平均每9天一篇；参加各种会议120次，包括共产党三大、国民党一大等，平均每10天一次会；陪同会见、拜访各界人士30次，讲演30次（不算讲课），还到广州、上海、武汉、洛阳、天津等地从事教学和革命活动。当年，许多青年都曾在李大钊家借住，感受过李大钊师长般的关爱和教诲。中共北方党组织的一些重要会议也曾在李大钊的书房内召开。

李大钊在担任北京大学图书馆主任期间，改革管理办法、增购图书，让图书馆真正成为青年大学生汲取营养、努力奋斗的温室。很多青年就是在李大钊主持的图书馆中读到了当时世界最新的理论书籍，使自己的认识达到了飞跃，从而走上了救国救民的实践之路。1920年，李大钊等人在北京大学图书馆成立"共产主义小组"。不久，在李大钊的帮助和指导下，邓中夏等人成立了北京共产主义青年团。青年团的成员到长辛店办工人补习学校，把《工人周刊》等杂志带到学校，帮助工人识字，认清社会现实，建立工人组织。1922年，长辛店工人举行大罢工，并得到唐山等地工人的支持。工人作为一支重要的力量登上了中国的历史舞台，改变了中国革命的面貌。

党史专家一致认为，北京李大钊故居是李大钊传播马克思主义、创办中国共产党、领导北方工人运动、促成第一次国共合作等一系列革命实践活动最具代表性的历史见证。

资料分析：

李大钊同志是中国共产主义运动的先驱、伟大的马克思主义者、杰出的无产阶级革命家，也是中国共产党的主要创始人之一。但是很多大学生对他的了解也仅仅是一些重要的评价而已，他们并没有真正了解李大钊，以及像李大钊这样的革命先烈为中国的革命做出过哪些艰苦卓绝的斗争，这显然是不行的。上述资料在向青年大学生展示李大钊同志故居的同时也展示了李大钊同志心怀天下，积极投身于劳苦大众的解放事业的一生，有助于培养青年的大学生的责任感与时代担当精神。

3. 注意事项

校外参观首先应注意外出参观学生的人身安全，安全必须放在第一位，必须为参观学生购买意外保险。

校外参观，参观是手段，通过参观有所收获才是目的，因此，必须有检验学生参观效果的手段，撰写观后感就是非常重要的一个检验手段，尽管并不新颖，但却是一个检验学生参观体验和收获的重要方法。在检查学生上交观后感时，应该关注学生所表达的参观体验，特别是学生不满意的地方，以期不断改进思政课在校外参观这一方面的设计。

4. 总结思考

校外参观一则走出校园，二则以参观的方式进行学习，这两样很容易让青年大学生忘记了自己为何而来，外出参观的初衷与目的是什么。此外，参观北京李大钊故居不仅仅是为了了解李大钊个人及其为革命做出的贡献，更为重要的是了解李大钊所处的那个时代、那个革命阶段，了解新民主主义革命中中国人民的抗争与求索的过程，进而激发青年大学生的爱国热情。即使外出参观也是要与"毛泽东思想和中国特色社会主义理论体系概论"这门课程的内容紧密结合，只有带着这样的认识，才能明白并实现参观的意义和价值。

三、社会调查

毛主席曾说过，没有调查就没有发言权[1]，进行深入全面的调查研究是我们获得丰富、翔实数据、资料的基础，也是我们透过事物的表象认识事物本质、揭示社会发展规律的重要途径。当今社会瞬息万变，资讯异常发达，对于广大正求学的青年大学生来说，学校课堂固然是获取知识信息的途径，但是在课堂之外，广阔的社会环境才是青年大学生真正获取知识信息的重要途径，毕竟教科书上的知识在这个信息瞬息万变的时代很快就会显得陈旧，加之青年学生对于新事物、新理论又充满了渴求，因此，高校课堂上教师教授学生更多的是一种高效学习、有效学习的方法——而非有限的知识内容。因为掌握了学习的方法，就如同掌握了点石成金的指头，在未来的学习、生活中可以凭借此学习方法持续地获得知识，持续地让自己得到成长和发展。社会调查这种方式就是一种非常理想的让学生持续发展和提升自己的方式。

具体来说，社会调查就是思政课教师根据教学内容和教学目的的相关要求，设计相应的调查课题，让学生深入社会的各个领域、各个角落去了解、搜集和掌握相关的数据、资料，对搜集的资料进行统计、分析，并最

---

[1] 出自1930年5月，毛泽东为了反对当时红军中存在的教条主义思想，专门写的《反对本本主义》一文

终形成相应的结论。这个搜集资料的过程本身就是对青年大学生能力的锻炼过程，因为要想搜集资料，就必须通过设计问卷这一途径，而设计问卷本身就是对学生问卷设计能力的考查和锻炼，问卷如何发放、如何回收、回收之后如何进行统计分析，统计分析数据时使用哪种统计分析软件。数据分析的过程本身也是一个去粗取精、去伪存真的过程，最终调查结论的得出也是对青年大学生分析、判断能力的考验和锻炼。除了从技术的角度看待社会调查对青年大学生能力的锻炼之外，还可以从扩展学生视野、培养学生家国情怀、社会责任感等各个角度来看待社会调查。当代青年大学生的社会调查，其调查的方向、主题非常广泛，既可以是涉及国家、民族的问题，也可以是家庭、家族的问题，还可以是青年大学生自身的心理、生活、认知等方面的问题。社会调查选题的广泛不但能够拓展青年大学生的视野，而且能够激励学生去发现、分析社会生活中的各种现象，进而分析现象背后的原因，揭示其背后蕴含的基本规律，真正提升青年大学生理论联系实际的能力。

校外实践教学中的社会调查与校园实践教学中的校内调研，在主体上是基本一致的，例如它们都遵循一样的调查程序和调查步骤，这是一个调查的主体。校内调研和社会调查的不同之处有二：一是调查进行的地点发生了变化，一个在校园内，一个在校园之外；二是调查的对象发生了变化，校内调研主要的调查对象是本校的学生，他们往往比较配合调查，而发生在校外的社会调查则不同，被调查的对象是社会上的各色人等，他们的配合程度可能比不上高校内部，这就要求青年大学生在进行校外的社会调查之前要认真学习一下如何与不同类型的人群进行沟通，如何消除陌生人对你的不信任感，进而赢得陌生人的信任，使问卷能够顺利发放并填写。其他方面，如问卷如何发放、回收、统计等与校内调研基本一致。

四、发现生活

(一) 介绍

生活中，不是缺少美，而是缺少发现。确实，现实生活中有很多美好的东西值得我们去发现、聆听、欣赏和学习，只是现代社会人们都习惯快节奏的生活，工具理性至上，人们太过关注某样东西的实用性及其对人类的价值，无心去慢慢欣赏和品味生活本身，无法发现生活带给我们的除去实用、功利的另外一面。社会发展日新月异，创新无疑是社会发展的动力和源泉，而创新首先源自对于生活的仔细观察和发现，没有一双善于发现生活之美的眼睛，显然无法挖掘自身创新的潜力。当代青年大学生虽然生活于速食时代，但是内心始终要保留一份求真、唯实、探索的精神，唯有如此，才能在极速飞奔的时代漩涡中不至于迷失自我。

具体来说，发现生活就是思政课教师要引导学生在课堂之外，在自己的校外生活和工作中培养敏锐的洞察力，善于观察和发现生活中的真、善、美，善于发现自己、他人、社会还存在哪些不足和问题，积极去思考、分析如何去解决问题，让我们的生活更和谐、美好。在发现生活这一校外实践教学环节中，思政课教师起着非常重要的作用，他们承担着引导学生去哪里、向哪个方向发现和寻找，到底要发现和寻找什么的重任。例如，在思政课讲授社会主义核心价值观这一章内容的时候，思政课教师普遍面临的问题是，内容理论性较强，学生觉得内容比较空泛。在讲到这部分时思政课教师很可能会列出很多的案例、人物事迹等，来让学生理解何谓社会主义核心价值观，但从学生的角度来看，毕竟那些案例大多都不是发生在自己身边的事情，感受并不是很深刻。而在校外实践发现生活这一环节中，思政课教师鼓励学生从自己的生活中、家庭中甚至实习的工作单位中，发现那些真正在努力践行社会主义核心价值观的人或事，并将这些发生在自己身边的真实的典范、事迹讲述给老师、同学听或者书写下来。学生在校外实践中的发现本身需要一种热情和敏锐性，而把这些事迹典范讲述或书写的同时，又是对社会主义核心价值观的一种重新思考、组织和梳理，对于社会主义核心价值观又有了新的更高一层的认识。因此，校外实践中发现生活之价值，其重要性不言而喻。

（二）教学设计

人的思想源自生活，思想的改变也源自生活改变，生活给予了我们很多。有一部分人总在抱怨自己太忙，总在抱怨上天给予自己的太少，总在抱怨他人对自己不够好，甚至有人会说这个社会戾气太重，凡此种种，都让人感觉生活灰暗，没有阳光。然而，真正的生活却并非只有令人感到沮丧、灰暗的一面，它还有在明亮、憧憬和艰难中体味到的欢乐和幸福，还有丰富多彩的一面，还有很多令人感到温暖与期待的瞬间。发现生活就是要通过青年大学生的亲身实践，让他们去寻找、体会和感受生活中的积极、美好，让人感动温暖和幸福的一面。通过这一个实践环节，让更多的青年大学生学会换一个角度去看待生活、看待社会、看待国家，建立一种积极正向的思维，建立对社会主义核心价值观的认同，并能在生活中真正践行社会主义核心价值观，为社会、国家传递正能量。

1. **设计思路**

"思想道德与法治"中的"践行社会主义核心价值观"是理论性比较强的一章，如果思政课教师单纯只是以理论讲授的方式进行教学，很可能会让学生感到枯燥乏味，但实际上这一章又是整个"思想道德与法治"中最为重要的一章。在校外实践教学环节设计发现生活，就是要引导青年大学生从自己的生活中或者实习单位中发现真善美，发现积极且富有正能量的人和事，引导青年大学生在这个价值多元且时有冲突的社会中，寻找和发现能够凝聚大众思想、整合大众力量的价值观，努力成为培育和弘扬社会主义核心价值观最积极、最活跃、最充分的青年先进代表，为社会的和谐、繁荣贡献自己的一份力量。

（1）主题确定

活动的主题是整个实践活动的方向和指引，因此，确定主题是首要环节。发现生活是思政课校外实践教学环节的某一个环节的总称，需要进一步加以明确，为学生的校外实践提供更为具体的指引。

确定主题为"发现生活——践行社会主义核心价值观之典范"，明确指出青年大学学生要发现的是社会主义核心价值观的践行典范，应该是积极正向的，是对国人、对青年大学生有影响、示范和指引作用的人和事。

（2）实践目的

通过现实生活中的观察与寻找，发现社会主义核心价值观的积极践行者。分析这些社会主义核心价值观的践行典范所处的环境背景、所做出的事迹，以及自身所具有的鲜明特征，对照自己，发现自身存在的不足，进而严格要求自我，努力提升自我，向先进看齐，认真学习和理解社会主义核心价值观的基本内容，并身体力行、自觉践行社会主义核心价值观，做新时代的合格大学生。

(3) 任务要求

①必须从自己生活的现实环境中去寻找和发现社会主义核心价值观的践行典范，个人或者集体均可；

②认真观察并记录社会主义核心价值观之践行典范的思想、行为与优秀事迹；

③在寻找和观察过程中必须保存相关的图片或视频资料；

④对照自身，分析自己对于社会主义核心价值观的认识是否到位，自己在践行社会主义核心价值观的过程中存在哪些不足；

⑤思考并规划自己在未来应该如何更好地践行社会主义核心价值观。

(4) 具体实施

①×月×日，发布本期"发现生活"的主题及任务要求；

②×月×日—×月×（20天），学生去观察和发现典范，并认真记录其思想、行为与事迹；

③×月×日—×月×日（5天），学生对照自身，分析并发现自己的不足；

④×月×日—×月×（5天），制订未来践行社会主义核心价值观的计划并提交。

(5) 成绩评定

指导教师根据学生的观察记录、典范资料、自身规划三者的完成质量，来进行学生校外实践的成绩评定。

2. 注意事项

在发现生活中的社会主义核心价值观的践行典范这一实践活动中，青年大学生应该以一个发现者、记录者、学习者和践行者的身份或者角色，去完成这一实践任务，发现和记录的目的是为了更好地学习和践行社会主义核心价值观的基本要求，而非仅仅为了记录，这一点是青年大学生必须明确和注意的。

此外，生活中有很多榜样人物值得我们学习，他们往往是自力更生、坚韧不拔、艰苦卓绝奋斗在某个领域的普通人，他们有很多值得我们学习的地方，同时也有很多不为人知的苦楚、孤寂与辛酸。这就需要学生在近距离接触这些"最可爱的人"时要注意自己的交流、沟通的方式方法，要保护好他们的"伤口"，不要因为自己实践过程中的访谈和交流而又一次伤害到他们。

社会主义核心价值观是一个有机的整体，从个人到社会到国家，被发现和记录的生活中的优秀践行者虽然只是个体，但是从这一个个单个的个体身上，我们能够感受或想象到无数个这样的个体所组成的社会、国家将会是怎样的。因此，虽然本期"发现生活"的主题——发现社会主义核心价值观的践行典范发现的多为个体，但是，每个人都应该时刻意识到社会主义核心价值观是一个有机的整体，个人、社会、国家三个层次之间并不是割裂的，而是有机结合在一起的，青年大学生应该把个体的践行与国家、社会整体层面的要求、标准紧密结合起来，有全局意识，在整体思维的指导下看待和践行我们的社会主义核心价值观。

3. 总结思考

发现生活是一个让青年大学生贴近生活、观察生活、记录生活，进而学习优秀的人和事情的一个实践教学环节，因其实践性符合当代青年大学生乐于探索实践的特点，所以在一定程度上能够把学生从网游、手游中解放出来，让他们从虚拟的游戏世界走出来，去观察和了解真实的世界，去发现真实世界中令人敬仰和感动的人和事。这是发现生活这一实践教学环节最为重要的一点，也是其值得长期持续开展下去的重要原因。

发现生活这一实践教学环节的设置不仅仅是为了让社会主义核心价值观进入当代青年大学生的头脑里、行为中，而且还为了让"思想道德与法治"课程当中的人生观、价值观、中国精神、优秀传统道德、法律意识等，通过更接地气的方式进入到学生的头脑中，让他们发自内心、主动地去认同榜样的思想，主动地去学习榜样的行为，最终达到提升自我的目的。

思政课教师作为学生校外实践的指导教师，自身应该站在更高的角度去看待校外实践及其对于学生的意义，而不是完全局限于某个很小的限定的主题，只要学生能够经由生活、经由实践有自己对人对事的认识，自身能力也能得到提升，这本身就是实践教学所要达成的目的。

五、公益活动

(一) 介绍

　　日行一善，每天做一些力所能及的事情去帮助他人，让他人和社会变得更加和谐美好，这也是古人对于自己的基本要求。虽然古代没有"公益"一词，但是公益的理念和践行公益的行为中国自古有之，只是囿于当时的时代背景，公益仅仅在那些有能力参与公益的人群当中流行。因为受当时封建制度的束缚，社会生产力水平较低，人们的整体生活质量不高，大部分人也只能是勉强度日，参加公益活动的能力也比较有限。步入现代社会，随着人们物质生活水平的提高，人们对于精神生活的要求也日益提升。要满足人们的精神需求，除了通过各类文化体育活动之外，还需要诸多能够体现现代人社会价值的公益活动。参加公益活动有助于现代人施展自己的才能，奉献自己的爱心，为有需要的人、为社会贡献自己的一份力量，也有助于促进社会和谐。

　　具体来说，公益活动就是思政课教师鼓励青年大学生关注社会中各类群体的生活境遇，关心社会发展，积极参与社会活动，充分发挥自身的专业知识与技能，为社会上有需要的人群和组织贡献自己的一份力量，进而在参与公益活动的过程中对社会有一个更为全面、深入地认识。现代社会公益活动的范围已经非常广泛，不再是原来非常狭窄的范围，而是涵盖社会生活各个方面，青年大学生参与公益有充分的选择空间，可以充分发挥自己的专业所长，真正选择社会所需且自己感兴趣、有能力胜任的公益活动。例如，法制宣传、环保知识普及、灾害预防与救助、爱心慰问与捐赠等公益活动。参与公益对于青年大学生来说本身就是一种体验和历练，公益活动的对象各不相同，公益活动的内容也各不相同，青年大学生在参与的过程中本身也在体验不一样的生活，他们突破了自己既有的生活，对生活的其他方面有了自己的认识和体会，对象牙塔之外的世界有了比较直接的接触和更为深入地认识和体会。加之，现代社会通信技术发达，互联网、微媒体发达，青年大学生有了更多参与公益的途径，既可以在线下参与公益活动，也可以在线上参与网络公益活动，如公益歌曲的征集、通过网络发起对某些困难人群的帮助等。由此可见，公益活动让青年大学生有了新的生活体验和感悟，这些是思政课堂上仅仅通过课堂讲授难以达成的效果。由此可见，公益活动是一种非常好的校外实践教学形式。

（二）教学设计

公益，顾名思义就是社会公众的福祉和利益，公益活动是公民参与精神的重要表征，也是增加公众社会福祉的重要途径。在组织公益活动时，既要遵循公德、符合公众的意愿，更要营造一种全民参与的良好氛围。当今时代交通、通信、社交媒体异常发达，青年大学生参与公益活动的媒介和平台也非常多，参加公益活动也有非常多的选择。既可以选择参与的方式，如线上或线下；也可以选择帮助的对象，如孤寡老人、残障人士等；还可以选择自己参与的途径，如学校组织或个体参与。无论是参加哪种形式的公益活动，都应该始终牢记"公益"二字的含义，坚持用最实在的行动诠释公益精神，让更多的人感受到公益的力量，融入公益活动中，进而在全社会营造一种全民热心公益、积极参与公益、持续弘扬公益精神的良好氛围。

1. 设计思路

作为思政课实践教学的重要方式之一，公益活动历来都非常受青年大学生的欢迎。学生走出校园，走入社会，在帮助他人、启发公众的同时升华自我，这是一种集学习、实践于一体的非常有助于大学生历练、成长的活动。青年大学生可以参与的公益活动有很多，形式也是多种多样，结合"思想道德与法治"第六章"尊法学法守法用法"的相关内容来设计公益活动。公益活动的主题与内容应该紧紧围绕第六章的法律展开，在当前我国全面推进依法治国，加快建设社会主义法治国家的基本背景之下，开展有关法律的公益活动，既有助于学生对课堂所学有关法律素养与法律基础知识的理解，也有助于激发学生学习的动力，用自己课堂所学的知识去服务公众，服务有需要的人，通过自己的行动与努力来唤醒或提升公众的法律意识，推动中国法治化的进程。

（1）主题确定

公益活动是面向公众开展的活动，因其公益的性质，辐射面越广、影响到的人越多、受益的人数越多，公益活动的意义和公益精神才越能得到彰显。因此，公益活动不但要有一个具有感召力的主题，而且要有一个响亮的、让人印象深刻的口号，以便更好地宣传此次公益活动，让更多的人知晓此次公益活动，进而有意愿加入公益的队伍当中来。

活动主题：深入开展法治宣传教育，全面推进法治北京建设。

活动口号：共筑中国梦，同铸法治魂。

（2）实践目的

通过青年大学生深入基层进行法治宣传教育，一方面让更多的人知法、懂法、守法、用法，唤醒公众的法治意识，提升公众的法治素养，推动我国的法治化进程；另一方面以此活动为契机，让学生了解当前我国推进依法治国所面临的基本国情，激发学生学习"思想道德与法治"第六章内容的动力与热情，让学生有学习的紧迫感和责任感。只有自己真正理解了、掌握了第六章法律的基础知识，才能有底气去对公众进行法治方面的宣传与教育工作。

（3）任务要求

①以班级为单位开展法治宣传教育活动；

②班级之内分为若干个小组，每个小组负责不同的法治宣传内容，小组内部分工明确，有学生负责法治宣传内容的整理，有学生负责宣传版面的设计，有学生负责发放宣传品，有学生负责现场法律知识讲解；

③认真进行宣传教育活动，并记录自己每天进行宣教的过程与效果；

④保存活动期间的相关资料与照片；

⑤活动结束后，以小组为单位进行宣教活动情况汇报。一方面汇报本小组的法制宣教的具体情况，一方面分享本小组成员在参加公益活动过程中的体会与收获。

（4）具体实施

①×月×日，发布本次公益活动的主题及任务要求；

②×月×日—×月×日，学生深入基层社区进行法治宣传教育活动；

③×月×日，小组汇报宣教活动的情况与体会收获。

（5）成绩评定

指导教师根据学生的出勤情况、宣教现场表现及小组汇报的内容三个方面的完成质量，来进行参加公益活动这一校外实践环节的成绩评定。

2. 注意事项

随着时代的发展，青年大学生参与公益活动的方式、内容和对象越来越多样化，但是不管方式、内容如何变化，公益活动的服务对象除了一般公众，更为主要的是各类"困难群体"。所谓"困难群体"，不只是传统意义上的经济贫困人群、孤寡老人、残障人士，还包括经济上并不困难但在精神方面、社会关系方面陷入困境者。这些身处困境，需要被关注和帮助的人群，也是一个极其脆弱的群体。公益活动是为了他们或者公众福祉、利益而开展的活动，因此，一定要保护好这类困难群体的利益与隐私，不能伤害到他们。

青年大学生参与公益活动是一个展示当代大学生社会责任与精神风貌的窗口与平台，在参与公益活动的过程中，青年学生一定要注意自身的言行举止，不能做出有损当代大学生形象的事情，要时刻牢记自己参加此次活动的目的是为公众服务，在遇到突发事件时应该展现大学生积极向上、有责任有担当的精神面貌。

作为思政课校外实践教学的环节之一，公益活动是有组织的集体活动，学生参与集体活动就应该严格遵守活动的纪律要求，遵从公益服务的宗旨，按照学校和公益活动主办方的基本要求行事，不得私自行动，或者做出有违公益价值伦理的事情。

3. 总结思考

青年大学生参加公益活动，其目的就在于通过接触公众、了解公众、体会民情、感悟民生，进而陶冶其情操，启迪其智慧。因此，公益活动最为重要的两点就在于公益活动过程中，学生的行为表现和公益活动后学生的感悟与体会。很多时候，作为实践教学方式之一，思政课教师或者学校对于学生具体参加公益的实践过程要求非常严格。一方面确保师生与服务对象的安全，另一方面确保公益服务的质量。很多时候教师对参加公益服务之后青年大学生的心理感受与体会不够重视，这一点需要引起我们的注意。

接触公众、感受民生，很多时候青年大学生在参加完公益活动后，会有一种失落和沮丧的感觉，同时还有一种深深的无力感，感到自己对于改变"困难群体"现状是那么无力和无奈，进而对现存的国家制度、政策、体制产生不满和怀疑。这时候就特别需要思政课教师对其进行一个合理、理性的引导，引导青年大学生走出消极、偏激的思想阴霾，对当前的社会、政治制度、政策、法律等进行一个理性的分析，帮助青年大学生使用理性思维去思考和分析社会现象、社会群体。培养学生从建设性的角度去看待问题、解决问题，而不是哀怨和批判现状。

学生参加公益活动只是单个的活动,而公益活动、公益服务是一个长期持续的过程,只有长期持久的公益服务才能在社会中体现出公益的力量和公益对于社会的影响。因此,作为思政课实践教学方式之一的公益活动,要让学生通过参与其中,意识到公益是一个长期的事业,需要公众一起来努力,建立公益制度、搭建公益平台、丰富公益载体,在全社会培育一种公益氛围和公益文化,唯有如此才是真的公益,才能真正将公益精神及其价值体现出来。

开展法律知识宣教公益活动除了公益本身的意义和价值之外,思政课教师还应该让青年大学生意识到法治与德治从来都不是割裂开来的,两者始终以不同的方式在维护着国家和社会的稳定。

第三章　文化传承下的高校思政课程

本章内容为文化传承下的高校思政课程，主要从两个方面的内容进行了介绍，分别为基于"红色文化"的高校思政课程和基于传统文化的高校思政课程。

第一节　基于"红色文化"的高校思政课程

一、"红色文化"及其育人属性

"红色文化"是带有红色印记的文化资源，具体指党和群众在革命各阶段形成的宝贵文化，既有可以触摸的文化遗迹，也有内化后的精神品质，属于特殊的文化存在体。了解"红色文化"，可以了解中国共产党带领广大人民浴血奋战、艰苦奋斗的历程，感受到中华儿女为争取民族独立和国家富强所做出的努力。河北省的红色资源根基深厚，对应的文化资源丰富多样，比较典型的有西柏坡精神、塞罕坝精神等，这些宝贵的"红色文化"理应成为思政理论与实践教育的鲜活素材。

地方红色资源的育人价值是天然的，其带来的政治教育是鲜活而生动的。对于高校学生来说，这份政治学习与体验记忆更深刻，教育启迪价值更高。学者李振东认为，"红色文化"形式多样，感染力强，在教育中可以做到与时代同行，其教育的价值具有永恒性。学者王家荣将红色资源的育人价值总结为其对人理想信念的引导、党性的磨炼、人格的塑造等，从多个方面肯定了其育人价值。红色资源的特殊属性使其可以融入思政理论与实践教育，并扮演重要角色。

二、"红色文化"的主要特征

在高校教育教学改革中发挥重要作用，有助于优化人才培养的目标，实现学生的全面发展。"红色文化"作为中国共产党在革命、建设与改革中创造的实践产物，具有自身的主要特征和特性。

（一）民族性

"红色文化"具有独特而鲜明的思想价值。"红色文化"记录着中国共产党成立以来中国社会的发展历程，诠释了中国共产党勇往直前、不畏艰险的精神品格，表达了中国共产党对困境的无畏、对信念的坚守、对事业的无私奉献的思想内涵，蕴含着鲜明的政治立场、坚定的理想信念，是中国共产党伟大理想和卓越实践的集中体现，有着巨大的思想价值和鲜明的意识形态性，能够对高校大学生价值观的形成起到重要的引导作用，具有深刻的思想性。

"红色文化"蕴含着深厚的文化底蕴与历史精神价值，其呈现出的忠于党、忠于人民、坚持真理、一往无前等精神，与高校大学生思想政治教育的培养目标在内涵上具有一致性，能够为高校大学生提供正确的思想引导，其深刻的思想性发挥着价值引领的根本作用。值得注意的是，在中国共产党的不断发展壮大中，形成的一系列党史文献、马克思主义中国化的最新理论成果等"红色文化"更是极具思想性，体现了中国共产党人对社会主义建设规律的认识。发挥"红色文化"的思想性主要特征，更加有助于引导高校大学生坚持真理、坚定信念、坚守初心，能够进一步从理性、情感、感官等多方面增强高校大学生的爱国主义信念，坚定高校大学生的思想信仰。

（二）时代性

"红色文化"具有鲜活的时代性主要特征，"红色文化"是时代的产物，"红色文化"的孕育、形成、丰富和发展都始终与历史进程相一致，是在历史发展的过程中逐步积累和形成的。因此"红色文化"体现着各自特殊的时代特征和时代价值。

（三）艺术性

艺术性是指通过形象反映在形式、结构、表现技巧上的完美的程度，可以透过艺术作品反映生活，表达思想感情，展现艺术作品的生命力。我们所接触度的"红色文化"最广泛的体裁是红色文学作品、红色戏剧电影、红色音乐作品等，因而"红色文化"具备文艺作品自身独有的艺术魅力与吸引力。举个例子，"红色文化"小说的代表《红岩》，其塑造的许云峰、江姐、齐晓轩等一大批革命知识分子的光辉形象，都是血肉丰满、感人至深的艺术典型，其视死如归、宁折不弯的崇高精神品质，弘扬了革命者高风亮节的牺牲精神，以及为革命奋不顾身的坚强意志和大无畏精神，都能够有助于升华高校大学生的精神品质。尤其是小说中的江姐就是著名革命女烈士江竹筠，有现实的原型，更能让高校大学生产生思想和情感上的共鸣，切身领会中国共产党人革命的艰辛与不易；这种来源于真实生活的"红色文化"作品，能够让高校大学生更真切地了解历史，学习革命先烈的伟大精神。文学、影视、绘画等艺术作品含有深刻的时代印记，是"红色文化"文艺作品的代表形式，以其特有的艺术感染力让高校大学生在阅读、感悟的过程中，走进经典作品反映的那个特定时代，感受中国共产党人的崇高信仰和精神品质，增强高校思想政治教育的艺术魅力。

"红色文化"内涵的其他形式，党史文献、中国主要领导人的理论著作、红色场馆、红色遗址等，也都有自身独特的艺术性。举个例子，"杨家岭革命旧址中毛泽东主席、朱德的窑洞的位置体现了二人在党内的核心地位，彰显出平面布局艺术所表达的纪念性和象征性。"参观者通过观察红色革命遗址的建筑艺术风格，了解了当时的组织结构与意识形态，进而从审美体验的角度体会了其历史价值和文化内涵。"红色文化"以不同形式展现出的艺术性与其蕴含的深刻的思想内涵完美融合，使高校大学生提升了艺术的审美感。

（四）超越性

"红色文化"既是民族文化的传承，也要顺应时代的发展，既是现实与历史的结合，也是时代精神和传统精神的融合体现。当今时代的飞速发展,既要不断深挖和传承红色资源、红色基因,又要彰显各个地方"红色文化"的特色,在文化内容、传播渠道和传播形式等方面不断与时俱进。

超越性体现在"红色文化"具有跨时代接受的品质上,可以超越时间和空间,被反复传播、阅读、欣赏、感悟。"红色文化"再现了中国革命、建设和改革的波澜壮阔、艰苦奋斗的历史画卷。虽然随着时代的发展其精神和内涵在不断丰富,但是其红色精神的内核从未改变,中国共产党的初心和使命始终贯穿其中。

"红色文化"是特定时代的精神丰碑,它表现了在民族生死攸关的决定性时刻,我们党领导着广大人民群众,为谋求民族的独立和人民的解放,而英勇奋斗的伟大精神品质。

尽管革命和战争似乎正在远离我们,但革命和战争中的红色之火却在代代相传,永不熄灭。"红色文化"可以培养高校大学生的革命精神、理想信念,"红色文化"的精神品质可以超越时空,教育高校大学生巩固革命理想信念,弘扬爱国主义精神,践行社会主义核心价值观。"红色文化"的超越性,是"红色文化"作为高校大学生思想政治教育创新发展的重要教育资源的佐证。

"红色文化"是红色资源的重要形式,蕴含着丰富的红色基因,承载着永恒的红色精神,是不以时间和空间为转移的,可以超越任何时间和空间展现出其独特的精神价值,对高校大学生思想政治教育实效性的提高具有重要作用。

(五) 科学先进性

"红色文化"具有科学性的主要特征,是广大人民群众在中国共产党领导下的革命斗争中艰苦奋斗出来的先进主流文化,并在群众中得以延续与不断发展。因此"红色文化"是反映一切客观真理、理论与实践相统一的历史实践,具有鲜明的寻求真理、实事求是的科学精神。

"红色文化"作为无产阶级的先进政治文化,集中体现了中国共产党的先进性。"红色文化"包含了中国共产党的理想、宗旨、路线、纲领、方针、政策,体现了中国共产党人的初心和使命。"红色文化"是在党领导中国人民不断发展的伟大实践中不断丰富和完善的,饱含着中国的发展方向。"红色文化"的先进性体现在它与时俱进的产生过程,它也是我们党在不断奋斗发展过程中形成的优良传统和革命精神。"红色文化"是宝贵的、丰富的思想财富和政治资源。"红色文化"在中国共产党的领导下植根于不同历史时期的社会实践，充分体现了中国社会历史进程的普遍规律和发展方向，并不断地在实践中进行丰富，发展和创新。

"红色文化"作为一种特殊的文化资源，它并没有随着时代的发展而消失，而是不断地被欣赏、被传播，这也从侧面说明了"红色文化"的先进性。"红色文化"已经通过了历史和时代的考验，并没有随着时间的流逝而过时，也没有随着岁月的流逝而消失，它始终保持着与时俱新的先进性。"红色文化"所倡导的革命精神与爱国主义情怀，能够与民族精神和时代精神相吻合，能够在建设社会主义现代化强国和实现中华民族的伟大复兴中，产生鼓舞人心的巨大力量。"红色文化"的先进性既可以满足高校大学生日益增长的精神文化的需求，又能够利用其蕴含的共产主义的远大理想来指导高校大学生成长、成才，在高校大学生的思想政治教育中融入"红色文化"这一思想政治教育资源，更能促使高校大学生树立高尚的道德品质和坚定的政治意志。

三、红色文化在思政课程中的作用

（一）有利于培养学生社会主义核心价值观

"红色文化"和社会主义核心价值观有相似的追求，那就是要实现中华民族的伟大复兴。除此之外，二者还有一个共同点，都是以马克思主义和中华优秀传统文化为思想基础的，这就使它们有了共同的思想基石。革命人物和故事作为教育资源被生动直观地展示讲解，让学生感受"红色文化"中蕴含的强大精神力量，能够促使高校大学生对个人、社会，以及国家不同层面的价值观追求进行更深层次的思考，涵育高校大学生社会主义核心价值观。

（二）了解红色历史，追寻红色足迹

"红色文化"是我们了解红色征程的工具，我们理应利用"好红色文化"的"利剑"，使其服务于思政宣导，在追寻党的红色足迹、回顾党的

光辉历程中总结历史经验，把握历史的红色脉络。"红色文化"也被认为是党史学习的生动教材，应将红色主题教育与党史学习、思政实践结合起来，让学生借助"红色文化"了解革命历史、感悟红色征程，点燃他们的爱国热情，培养他们的民族自尊心和民族自豪感。

（三）有助于坚定学生的理想信念

"红色文化"具有丰富的文化内涵，是社会主义文化建设体系中不可或缺的一部分。借助"红色文化"，我们可以了解革命先烈的光荣历史，可以获得精神信仰方面的启迪和感染；借助"红色文化"，我们可以了解中国共产党的成长和发展历程，将政治认同、革命认知、价值诉求、文化素材等结合起来，给人以精神上的教育引导。

（四）能够帮助学生抵制错误思潮

当今社会发展变迁，各种文化和思想鱼龙混杂，高校大学生走在接触新事物和接收新信息的前沿，他们的精神世界不可避免地会受到裹挟，一些错误的社会思潮也夹杂其中，如历史虚无主义和文化保守主义。虽然这二者看似不同，但其本质都是对马克思主义，以及中国共产党领导作用的消解与否认，不利于高校大学生坚定马克思主义理想信念。"红色文化"是我们在革命与探索道路中形成的优秀文化，学习"红色文化"能够以史为鉴，资政育人，增强高校大学生的政治认同，提高明辨是非的判断力。

（五）帮助学生树立文化自信

习近平总书记多次强调我们要增强文化自信。这不仅需要继承和弘扬中国优秀的传统文化，此外，实现更加坚实的"红色文化"自信也是必不可少的。"红色文化"中蕴含的坚定理想信念和丰富的民族精神，在革命道路上为我们指引了正确的方向，让党和国家在不断探索中形成了中国特色社会主义文化。将"红色文化"融入高校大学生思想政治教育，能够引导高校大学生感悟中国共产党和中国人民在革命征途中的艰苦奋斗历程，体会其中的价值意蕴，坚定文化自信。

四、当代大学生对红色文化的认知现状

通过思政教育课程的学习,学生对"红色文化"有了更深入的了解,并加深了对其的认同,对革命历史知识也有了深刻的认知。但在学习"红色文化"的过程中仍存在一些不足,很多学生将重点放在了学分上,把课堂知识同学分联系在一起,欠缺民族意识。对于"90后""00后"来说,对"红色文化"的价值并不了解,加之在互联网语境下信息的开放,学生接触的文化多元,而对各种文化的辨别缺欠正确的判断能力,在学生的思想意识中"红色文化"并没有扎根,对待文化势必会有摇摆不定的态度。高校在传播"红色文化"的过程中也存在过于形式化,在宣传上以自上而下的活动方式进行,而且采取的是"文件布置式"的活动,这种方式虽然对大学生没有形成直接的影响,但间接增加了其抵触情绪。为了让学生参加活动,学校通常采取与学分评优挂钩,将参加活动同学分联系在一起,使学生心理产生逆反,而学习方式不仅不民主,行政化方法还过多,造成学生参与活动只是走过场而已。

五、"红色文化"在思政课堂的应用路径

(一)让"红色文化"进思政教育理论课堂

要想实现"红色文化"和思政理论与实践教育的融合,首先要将"红色文化"引入思想政治理论课堂,以引导高校学生端正对红色资源的认知态度,借助思想政治理论课堂了解"红色文化"、感悟"红色文化"。现阶段,思想政治理论课是高校学生的必修课,旨在引导学生树立正确的价值导向。思想政治理论课是思政教育的主阵地和主渠道,将"红色文化"引入理论课堂,其鲜活的素材能进一步丰富思想政治理论教育内容、提升课堂的亲和力和亲切感。在"红色文化"的引导下,让学生产生情感上的共鸣,使高校学生对"红色文化"有更多的认同感,使"红色文化"内化为思政教育的一部分。将"红色文化"引入思想政治理论课堂,不能拘泥于传统的说教形式,可以借助播放红色影视视频、开展红色教育主题探讨,

来深化学生对"红色文化"的认知,增强思政教学的感染力和吸引力。在利用"红色文化"时,不要搞"拿来主义",必须本着"精心选择、服务于教学"的原则,让"红色文化"巧妙地与思政理论课堂合二为一。例如在思想政治理论课堂上,教师自觉地引入西柏坡精神、塞罕坝事迹的相关案例,通过讲解感人的红色故事、梳理回顾革命历史征程、校外实地考察、校内多元宣讲等方式,构建全方位的西柏坡精神、塞罕坝红色资源育人新格局。

(二)加强"红色文化"教育基地建设,为融入思政教育课教学创造条件

"红色文化"是一种精神文化资源,红色资源的表现方式是借助人物事迹、革命旧址、纪念物等载体呈现,这些红色资源是优秀传统文化的关键组成部分,具有资政育人的作用。因此,要使已有的革命旧址、文物陈列馆等教育基地得到有效保护,确保烈士陵园、纪念馆等基地的完整性。要借助对文物、人物的审慎选择将具有育人功能的目标呈现出来,把战争年代的红色革命文化资源进行有效的整合,使其形成科学合理的教育体系,给高校思政教育课建设提供物质条件,为"红色文化"融入课堂实践教学创设条件。用革命先烈奋斗不休的精神来激励大学生珍惜宝贵的时间,使其产生学习不止的精神;运用"红色文化"激励大学生因地制宜,将本地特有的红色资源合理地进行开发建设,使其成为当地的"红色文化"教育基地。

(三)创新教学方法,充分调动课堂氛围

首先,在专业课堂上,教师要发挥好主观能动性,在讲授专业知识的同时传递人文情怀,这需要教师在备课时主动寻找与专业相关的"红色文化"资源或者是该专业的学科发展史等,在课堂讲授中将其糅合进去,提升学生的审美与审善的能力。值得注意的是教师需要进行换位思考,从学生感兴趣的角度出发,做到锦上添花。其次,是改进思想政治理论课,即"两课"。教师要进行教学方式的创新,摒弃单向灌输的填鸭式教学,突出学生的主体地位,教师起一个牵引作用即可,让学生围绕课题自己搜集、讨论"红色文化"相关内容。此外,教师在课堂上要多借助多媒体,使用

图片、视频等形式，以便使课堂的教学内容更加形象地呈现给学生。

（四）学科教学、"红色文化"、思政教育三位一体

基于当前的高校课程思政建设，应打造全方位、立体化的课程思政教育格局，让思政理论与实践教育、学科教学、"红色文化"利用三位一体化。将"红色文化"所蕴含的思想价值作为专业课程教学设计的一大参考，将"红色文化"教育与专业课程教学相结合，让高校学生在学习知识的过程中自觉接受"红色文化"的熏陶，树立正确的价值观，艰苦奋斗、求真务实、团结协作，在专业学习中了解"红色文化"，增强文化自信。具体来说，可以以哲学社会科学课程为桥梁，让学生积极探索"红色文化"的时代价值；也可以以人文艺术课程为中介，让学生挖掘"红色文化"所蕴含的爱国主义教育主题；还可以以自然科学课程为途径，点燃高校学生的创新热情。以西柏坡红色文化的利用为例，考虑到西柏坡的艰苦奋斗精神与当代高校学生创新创业所需精神的一致性，让西柏坡精神与高校学生创新创业教育二者形成协同效应，使大学生激发创新创业热情、优化创业发展路径。

（五）加强高校组织领导，为"红色文化"融入思政教育教学提供保障

作为政府教育决策的落实者——高等教育院校，在思政教育教学全环节中将"红色文化"贯穿、渗透其中，是高校思政教育教学的主要任务。基于此，高校对"红色文化"融入课堂实践教学的思想意识重视程度必须要提高，加强组织领导，组建以校党支部为核心领导，各学院党、团负责人，各专业学生代表参与的领导小组，对本校的红色教育思想理念实施科学的制订，对思政教育课教学过程实施全方位监督，主要对"红色文化"融入实践教学的运行状况进行监督管理，促使其融入课堂教学中的育人功能充分发挥，同时对其给予保障。设置专门的研究机构，负责并组织编写"红色文化"教材，主要是对现有思政教育课教材进行扩充，加大"红色文化"的内容比重，在教学内容中采取直观的方式将历史事件实例进行展示，如进行近现代史教材的编写要对土地革命中带有红色精神的事例加以详细描述，体现"红色文化"的教育理念。在思修课教材编写中重点要凸

显革命先烈的精神，要把先烈们为国为民的崇高精神进行概括。

（六）发挥互联网优势，唱响红色主旋律

以网络为载体，唱响红色主旋律。高校可以建立高校红色网站，将重要事件、人物、理论观点、著作等整理出来发布到网站上，通过图文或音视频进行呈现，为学生提供"红色文化"学习的平台，弘扬"红色文化"精神。充分发挥互联网信息传输快、覆盖面广、资源共享等优势，扩大"红色文化"思政教育的覆盖面。例如以塞罕坝精神为引领，在网站上推出高校塞罕坝精神学习专题，让"红色文化"占领网络主阵地，面向高校学生进行正向的舆论引导。让红色资源获得思想政治话语的主动权，让高校学生了解塞罕坝精神内涵和形成背景等，配合专题研究项目和专题讲座等，让学生自觉接受"红色文化"的熏陶。

（七）完善教师队伍建设，为"红色文化"融入思政教育课教学打下良好的基础

课堂教学能否取得良好的效果，关键在于教育者。高校要高度重视建设思政教师队伍，在选聘思政教育者时要以高标准、严要求考核竞聘人员，严格准入机制，以保证道德素质高的教育者进入思政教育队伍，从而使其自身具有的良好精神面貌、优秀的素质在课堂教学中充分展示，以此带动和培养学习主体积极向上、努力奋发。通过采取提高思政教育者的各项福利待遇，将其社会地位提高，激发其创新精神不断地去探究"红色文化"，促进教学水平的提升；强化人员的培训管理，尽可能为思政教育者创造条件，让他们积极参加各种学术交流活动，拓宽自身的视野，通过"红色文化"的教育学习，使其对学界的前沿动态能够更好地把握，把掌握的信息有效应用到实践教学当中。

作为"红色文化"的弘扬者——思政教育者，不仅要在课堂教学中将自身的主导作用体现出来，还要全面考虑以怎样的方式将历史发展进程呈现于课堂上，又如何讲述才能够将"红色文化"的内涵诠释，这些是摆在思政教育者面前的课题，通过对"红色文化"内涵的深入钻研，丰富教学手段，促使课堂教学达到预期效果。在这一过程中，思政教育者在促进自身道德品质提升的同时，其科研能力也得到了有效提升。

第二节　基于传统文化的高校思政课程

一、传统文化的价值

（一）蕴含中华民族传统美德的人格修养

中华传统文化一大核心内容就是儒家文化，儒家文化的核心就是伦理道德，这样来看中华传统文化正是传统美德的集中体现。孔子强调必须要在知识学习之前修养个人品格；《资治通鉴》中，司马光也曾论述衡量一个人要以德行为本。现阶段实现自身发展也必须要完善人格修养，学习和积极传承中华民族传统美德。高校育人的根本目标是实现"立德树人"，重在培养具有较高道德水平的高校大学生，这与中华优秀传统文化强调完善人格修养相一致，能够起到极大的推动作用。

（二）以爱国主义为核心的民族精神

在整个中国传统文化之中都始终贯穿着爱好和平、团结统一等中华民族精神，作为传统文化的核心——爱国主义精神，在现代思想政治教育中也发挥着至关重要的作用。一方面能够让学生通过多种艺术形式来了解传统文化的深刻内涵，有利于增强文化意识和提高使命感；另一方面帮助学生建立独特且深厚的民族情感。思想政治教育实践活动的主要形式包括学习唐诗宋词等文学作品，感受民歌、曲艺等民间艺术。通过以上实践活动能够帮助学生提升民族意识，深化爱国主义教育。以爱国主义为核心的民族精神是培养当代高校大学生的重要内容，与中华优秀传统文化的爱国精神一脉相承，且具备独特的时代特征。我国高校十分重视高校大学生社会实践活动，开展中华优秀传统文化教育工作，能够增强高校大学生的责任意识及爱国精神。事实上，古代有许多文人志士都对爱国主义精神进行了充分歌颂。

（三）自强不息的崇高理想信念

"天行健，君子以自强不息"①。从古至今，中华民族始终推崇的理想信念及道德传统就是自强不息。做人必须要坚韧不拔，敢于拼搏。此类精神也曾被孟子和孔子积极倡导，"发愤忘食，乐以忘忧，不知老之将至云尔。"② 现阶段，实现中华民族伟大复兴的"中国梦"是我们的最终理想，追求这一理想需要全国各族人民不懈奋斗，顽强拼搏才能够实现。中华优秀传统文化自强不息的崇高理想信念，体现了我国人民自古以来的奋斗精神，这对激励当代人民团结奋斗有着十分重要的意义。

二、传统文化在校园传播的可行性

中华传统文化有着几千年的历史积淀，是祖先留给我们的丰盛遗产，代表着我们民族的气质和精髓，应当在朝气蓬勃的95后、00后大学生中广为传播并发扬光大。

基于大学生手机及移动互联网的使用情况，高校宣传部门及思想政治工作者应该利用这种融媒体形态进行校园传统文化传播。这样可以让正在接受高等教育的青年大学生了解传统文化，探寻中国古代先哲的智慧意蕴，汲取传统文化中符合社会主义核心价值观的内容，做传统文化的传播者。

首先，可以利用思想政治理论课进行校园传统文化传播。高校思政课自然承担着传播习近平新时代中国特色社会主义思想，传播和弘扬中国传统文化的使命。当前高校融媒体环境下的思政课教学改革，就是在传统的思政课教学中融入传媒互动、慕课、微课、在线视频观看与研讨等融媒体手段，上活思政课，将思政课上的学生喜爱，上到学生心里。我们可以利用融媒体手段，在思政课上将传统文化渗透其中。比如将《弟子规》中积

---

①
② 出自《论语·述而篇》

极的内容做成动画视频,让大学生仿佛置身于几千年前,了解古人的"孝悌"之道。再比如将中华茶道融入学生喜爱的语言文字符号,做成微视频,让学生了解博大精深的中华茶文化等。

其次,可以利用校园"官微"等渠道传播传统文化。在自媒体公众号成为青年人主要传播途径的今天,几乎每所高校的所有学生都关注着自己高校的"官微"并且每天点开浏览。因此可以由校园"官微"的主管部门,一般是校党委宣传部门,在一些学生关注的日子,推广一些有关传统文化的内容。比如端午节推送粽子的由来和屈原的爱国精神;清明节推送对先烈怀念、缅怀其爱国主义民族精神的内容以及对亲人怀念的家庭美德的内容;春节推送中华民族姓氏的由来和不同地区的年俗;等等这样可以以学生喜闻乐见的方式传播校园传统文化。

最后,可以鼓励一些对传统文化了解并感兴趣的同学开设自媒体,在同学中推广。比如有的同学对"红学"非常感兴趣,对《红楼梦》中很多经典词句倒背如流,辅导员或者学院就可以鼓励他开设以"红学"为主题的公众号。这种公众号可以依托于校园"官微",供校园同龄的、有相同兴趣的同学交流互动,促进校园朋辈之间关于传统文化的交流和研讨,形成研究传统文化的校园浓厚学术氛围。

三、传统文化融入大学生思政课程的必要性

(一)有利于传承中华民族的优秀传统文化

文化传承对任何一个主权国家来讲都是至关重要的。对于拥有高素质、高文化底蕴的高校大学生而言,他们有必要且有能力承担起中华优秀文化传承这一伟大任务。对于高校而言,为了充分发挥中华优秀传统文化的教育作用,应该将其作为思想政治教育的一大重点,让更多优秀的高校大学生能够积极担负起这一责任,使中华优良传统发挥至极致。国家的灵魂就是传统文化,因此也产生了伟大的民族精神,如果高校大学生这一优秀群体能够积极投入到传统文化的探索和学习环节当中,不论是对于个体能力还是社会发展都将会产生极大的推进作用。我们要居安思危,保家卫国的思想在如今这一和平年代似乎过于遥远,但是应该在高校大学生内心

深处树立爱国精神,大力传承和弘扬中国传统文化。要让高校大学生清楚,在战争年代,很多英雄为了救国救民不惜牺牲自己的生命,这一爱国行为正体现了浓厚的爱国情怀。

(二) 有利于丰富高校大学生思政课程的内容

中华优秀传统文化是几千年来中国人积累的智慧结晶。所以在对高校大学生展开思政课程时,应该将不同形式的哲学思想、观点充分融入进去,这样有利于教育资源的丰富和高校大学生思想政治水平的提升。同时不论是在社会生活中、现代文化、还是个人建设环节中都可以充分应用传统文化,发挥其最大价值和作用。因此对于各个高校而言,为了能达到更好的教育效果,就更要充分融合传统文化教育及思想政治教育。

事实证明,高校大学生思政课程意义重大。丰富多样化的中华传统文化在五千年的发展历史中逐渐形成积淀。其中不乏一些集体主义、爱国主义等优秀文化精神,同时也存在一些封建迷信的陋习。学习中华优秀传统文化能够帮助更多的高校大学生意识到并感受到这些文化,培养明辨是非的能力,而不是对"古圣"等思想主义全力追崇或全力打压。如果在思想政治教育体系中,能够有效且充分融合中华传统文化的丰富内涵和精神,对于中华传统文化道德体系的发展壮大,以及思想政治教育的价值提升都将产生极大的推进作用。对于高校大学生而言,不断在思想政治教育工作中渗透中国传统文化知识,一方面,有利于个人价值观的正确形成,对一些优秀思想理念产生更深刻的影响,真正做到仁爱、守信、正义等;另一方面,还有利于立德树人价值理念的培养。对于高校而言,应该在思想政治教育工作中通过合理且有效的措施来融入中华传统文化,使其发挥最大价值和作用,扩充思想政治教育的内容。

(三) 有利于培养高校大学生对中华民族的自信和自豪感

爱祖国的璀璨文化及大好河山都是爱国主义的体现。关于这一情感的论述列宁曾表示,自己对祖国亘古不变的感情就是爱国主义[1]。中国拥有着几千年的历史,之所以它能够生存发展至今,其中一大关键就在于民族凝聚力,这也激发了不同时代人们敢于拼搏,勇于斗争的强大力量,其始

---

[1] 列宁.《列宁全集》第二版增订版. 人民出版社 2014 年 8 月.

终作为一大精神支柱隐藏在人们内心深处。民族凝聚力离不开强烈的民族自豪感，一旦两者脱离关系，那么社会重心也将会产生严重偏移。对于我们中国人而言，中华民族伟大复兴"中国梦"必须要由也终将由充满斗志的中国人所实现。

改革开放之后，科技进步，经济增长，社会主义所提倡的价值正是在这种多元化的思潮中逐渐被影响。近几年来，在青年这一群体当中，对西方洋节日的重视程度甚至超越了中国传统节日，更愿意去过西方情人节、圣诞节等。"崇洋媚外"这一思想在当下高校大学生群体中逐渐蔓延，造成很多高校大学生觉得只有外国的才是最好的，忽略了中国伟大成就。拜金主义和个人主义也在冲击着基于中华传统文化的爱国主义、集体主义等。在这一背景条件下，如果在高校大学生思想政治教育中有效融合中华优秀传统文化，能够及时且有效制止以上形势，这就要求各个高校对传统文化教育高度重视，同时还要针对不同高校大学生群体开展相关主题教育，有利于高校大学生爱国主义精神的培养。

四、传统茶文化中的思政元素

中国是茶文化的源头地，神农时代汉人就有饮茶的习惯，距今已有4700多年的历史。汉代王褒所写《僮约》中提及"武阳买茶"，法门寺出土的唐代茶具等资料可以证明汉唐时代茶已经走入了中国人的生活。茶文化作为中国传统文化中独具特色的一种亚文化形态，以其积极、健康、环保、包容、智慧、博爱的姿态，几千年来一直得到大众的认同和传承。茶文化历久弥新，古人广为爱茶，虽然今天各种饮料、饮品占据着市场，但是依然有很多人特别是很多年轻人对茶情有独钟。大家热爱的除了茶本身的养生功能，还有茶背后蕴含的文化内涵。

（一）茶文化与中国精神

中国精神是对以爱国主义为核心的民族精神和以改革创新为核心的时代精神的融合。重精神是中华民族的优良传统，国人自古崇尚丰富的精神世界，例如，"一箪食，一瓢饮，在陋巷，人不堪其忧，回也不改其乐"①"道德当身，故不以物惑"②。茶文化中也蕴含这样的内容，饮茶可以内省、审己，清醒思考自己的所作所为。

中华文化提倡天人合一、尊重自然、人与自然和谐发展。茶取自自然界，不破坏自然，饮茶品茗本身就是养生静心的行为，而不是以过度向自然索取或是过度开发自然或者过度狩猎珍稀动物，来换取所谓的高级的"养生品"。中国精神还体现在改革创新上，这是锐意进取的时代精神的体现。中国的茶，既传承古老，又在时至今日，有所创新和发展。中国种茶、制茶产业历史悠久。在几千年历史的茶文化中，茶产业一直以第一产业的形象出现，主要属于农业或者种植业领域，炒制茶叶一般以手工作坊的形式，属于手工业也就是第二产业的雏形。随着现代科技和工业的发展，茶饮料、抹茶食品、速溶茶茶品这些过去几千年茶叶制造史上未曾出现的创新型产品相继问世，加上高端茶馆、茶旅游的兴起，中国的茶产业也由第一产业向第二、三产业延伸扩展。以改革创新为核心的时代精神体现在中国茶产业的发展历程中。中国茶以各种现代而又时尚的姿态出现在新时代，成为改革创新的中国精神的缩影。

（二）茶文化中的"和"的精神

在茶文化中，无论茶叶的烹炒制作还是茶叶的冲泡，茶汤的口感、色泽，都讲究温度、"火候"，过犹不及。同时，茶文化还讲求与情势之和。在琴台书房里，茶是雅致的；在花前月下，茶是浓烈的；在青灯古刹里，茶是苦寂的；在结婚典礼上，茶是对父母的感恩和孝敬；在人际关系中，茶是君子之交的体现……这种场合、分寸的把握，也是"和"文化的体现。

（三）茶文化中的生态哲学思想

茶文化本身崇尚尊重自然，茶树自然生长、茶叶自然炒制，品茶品味的是茶汤中的"天人合一"的自然意蕴。在茶文化中，对茶具的命名上也体现了生态思想。饮茶之人习惯将有托盘的盖杯称为"三才杯"。杯托为

---

① 出自《论语·雍也》
② 出自管仲《管子 戒》

"地",杯盖为"天",杯子为"人"。意味"天大、地大、人亦大"①,天、地、人和谐共生,生态、人态、心态三态和谐,天性、地性、人性一切皆自然。小小一杯茶,在其文化内涵上,被人们寄托和赋予了天、地、人,人与生态,人与自然和谐相处,共融、共促、共生的生态哲学思想。

---

① 出自老子《道德经》

第四章　网络背景下的高校思政课程

本章内容讲述了网络背景下的高校思政课程，主要从两个方面进行了简要介绍，分别为基于慕课的高校思政课程和基于翻转课堂的高校思政课程。

第一节　基于慕课的高校思政课程

一、慕课与传统思政课

新时代思政教育工作要想真正打动学生，将思政课真正上到学生心里去，就要提高思政课的亲和力、时代感、实效性和学生的获得感，而不仅仅是一种简单的纯理论和说教，就要将思政课与新的教学手段、教学媒介相结合，借助融媒体和移动互联网等学生熟悉的新技术、新方法开展思政课，做到在慕课的新手段下，在不改变思政课育人功能的前提下，从配方、工艺、包装上以学生喜爱的方式改进思政课。

（一）思政慕课与传统思政课的区别

慕课是一种新兴事物，要想让其促进思政课教学改革，将其优势发挥到思政教学中去，就要分析慕课与传统思政课的区别与联系，继而分析这种区别的利弊、如何发挥不同之处的革新作用，来进行思政课改革和思政课教学。剖析比较思政慕课与传统思政课，至少存在以下几个方面的区别值得研究。

1. 时间和空间上的差异

传统思政课要求学生到教室完成一节课的学习，学生和老师采取每周见面的方式进行思政课教学；思政慕课采取碎片化的学习方式，在一台电脑或者一部手机前就可以完成课程学习。虽然思政慕课没有传统上课的那种"仪式感"，但是学生可以以自己比较舒服的方式进行学习，地点可以在宿舍里、家里、公交地铁上或者咖啡厅里。

2. 教学核心上的差异

传统思政课堂基于思政课的公共课特性和课程本身的政治理论的严肃性，在教学环节中通常是以教师为核心，教师主导教学的过程，以教师讲授为主，即使不乏一些讨论或者小组活动环节，最终落脚点还是理论的阐述。不仅如此，由于课程本身的严肃性，学生来上思政课也往往表现得很严肃，也许是因为大班教学人比较多或者对于理论的敬畏，学生参与课堂讨论远不及专业课那么积极。慕课依靠技术手段隐去了面对面的"尴尬"，采取边看慕课边在旁边讨论框或者弹幕参与讨论的方式，可以使学生在上课的过程中有任何想法都可以畅所欲言，在一定程度上实现了以学生为中心。

3. 教学主体上的差异

传统的思政课有着明确的大纲和教案，其假定前提是学生处于一个蒙昧或对相应知识的无知状态，教师以其理论储备为学生灌输传播理论知识。在教学中，教师以传授为使命，顺带解决学生一些问题。如果学生并不提问，教师也就不知道学生对理论掌握得如何。慕课由于技术的引入，教师在线边讲或者边讨论的同时，学生的问题或者疑点就能反馈给教师，教师可以边看各种反馈边安排整个教学过程。有的问题学生特别感兴趣，或者结合当下特别紧密学生希望多听，教师就可以安排后面的教学进度多讲；有的问题学生可能手里有更好的佐证资料，可以在慕课系统上共享，真正做到以学生为主体，改变了思政课教学的"供给侧"，提供学生所需要的内容。这种主体的转换也改善了思政教学师生的人际互动。

4. 培养目标上的差异

传统的思政课认为，课堂除了传播理论知识、帮助学生树立理想信念和"三观"等以外，还要提升学生的人格魅力，这种提升是和老师的身教和传导、感化不可分割的。思政慕课在理论传授、立德树人等"言传"方面的教育上是丝毫不落后的,但是缺乏一种"身教"的平台。"身教"是需要面对面接触形成的,并不是隔空的电脑、手机或者技术手段能进行的。

5. 评教体系上的差异

传统思政课的教师评价体系（在一些普通高等院校将其简称为"评教"体系）是单独适用一套标准的,既不同于专业课,也不同于外语、体育等其他公共课。比如以天津科技大学为例,思政课教学质量学生评价指标标准,是在原先《"两课"教学质量学生评价指标》基础上发展而来。其指标既包含教学态度、内容、方法、效果等通行的普通高等院校课程评教标准,又包括课堂教学与社会的热点问题有机结合,注重对学生心理、情感、思想的启迪和引导,有助于学生形成正确的世界观、道德观、价值观等这些独有的标准。思政慕课必然要采取与之不同的评教标准,除了评价指标中的一位或多位老师的教学态度、教学内容、教学效果或者印象之外,还要评价慕课的制作效果、互动及交互效果、界面是否友好等。

6. 载体上的差异

传统思政课除了某时某刻在某个教室现场讲授以外,并无什么载体将其固定下来以供事后重听或者复习。因此,传统思政课如果遇到学生请假缺勤或者学生期末对一学期中的某一点、某个问题不明白想重新听一遍老师的讲解,则只能找教这门课的老师重复讲解,或者课上用录音笔等录下来,但这种方式毕竟不甚方便,因此不可持续。

现实中经常出现的情况是,一个问题想再听一遍老师是怎么讲的,如果学生不好意思问,一般就听不到。思政慕课利用技术将每一节思政课固定下来,通过网络可以回放收看、收听,这就极大地方便了学生请假想补课或者课后复习。老师也可以通过回放自己的授课完善自己讲课的不足,不断提升思政课教学水平。

（二）慕课与传统网络公开课

慕课是不同于传统网络公开课的,虽然这两者有一些相似之处。慕课是一个完整的教学过程、一种与融媒体和"互联网+"融合的教学方式,但是传统课堂的环节慕课丝毫不会缺少。在线进行课程的同时,正常教学环节中的课堂讨论、课堂交流互动、课堂问答、课后作业及测验一个都不会少。慕课建立起一套系统完备的学习过程管理、质量监控、成绩评价体系，作业通常采取主观题教师在线评、客观题机评的模式，成绩由课堂参与在线听课互动，课后作业和期中、期末机考测试等组成。而网络公开课仅仅是录下来上课的一部分实况，以便更多的人在其他时间观看"录像"，其他人再看到的就是"录播"而非"直播"，往往也不具备课堂交流等交互环节和课后作业环节。

二、慕课在思政课教学中的作用

如前所述，既然慕课和传统教学方式不尽相同、各有千秋，近几年中国慕课迅猛发展甚至慕课总量居世界第一，必然有其客观需求和原因。思政慕课在解决师生比、大班授课等长期困扰普通高等院校思政课教学的"老大难"问题方面的确发挥了独到的作用。

（一）为传统思政课课堂教学弥补了不足

纵观全国大部分普通高等院校，传统的思政课教学采取的是大班教学授课的形式，由四到六个教学班合并在一起，一两百甚至更多学生一起上一节思政课。这种教学通常在大的阶梯教室中进行，一名思政课教师在讲台上卖力讲课，上百学生坐在教室里面听，教师要借助扬声器才能将声音传播到每个学生耳朵里面。而往往坐在后排或者边上的学生要看到大屏幕上的课件或者教师的板书则比较费劲，如果大教室侧面没有屏幕，单靠看教室前方黑板旁边的大屏幕往往看不清楚。这种靠扩音才能听清老师讲课，难以看清黑板和大屏幕的上课方式，从手段上就造成了师生之间的疏离，给学生以思政课"飞在天上"的感觉。

慕课则可以很好地解决这一教学形式的问题。还是以一个年级至少一两千学生为例，一门思政课通常配有至少四名思政课教师。一个不争的事实是，一个老师同时管理几十个学生的教学效果，远比同时管理一两百甚至更多学生的效果好。如果采取小班面授与慕课相结合的方式，由一部分学生接受思政课教师面对面在小教室里面授课，由于师生配比更科学，一个老师面对几十个学生，既可以关注到每个学生的课堂反应，也可以正常进行交流、提问等环节，而且开展一些思政课教学环节中的角色扮演、问题研讨、翻转课堂等活动也可以得心应手的进行。与此同时，另一部分同学在机房或者宿舍电脑前甚至是手机前，采取慕课远程同步在线直播的形式、每个学生面对屏幕中的老师，可以清楚地看到老师讲课的动作和表情。同时，可以采取创新的师生互动交流的方式，比如学生提问可以采取"弹幕"等视频网站流行的年轻人喜闻乐见的方式，教师或者同时听课的学生可以对"弹幕"提问进行实时解答。在在线慕课过程中，为了增添其趣味性还可以设置一些小的"关卡"，比如中途弹出一些小题目，或者点击一些课程过程中的积分框增加积分，或者每一节课结束的积分抽奖等，并且为了调动学生的积极性，还可以设置一些参与度排名榜之类。总之，传统思政课课堂教学的这些不足都可以借助"融媒体+慕课"的形式加以改善。慕课可以轻而易举地完成讲解、互动、交流、反馈、答疑等环节。

（二）全国范围内思政教育解决了公平问题

一个学生要想接受一节"985"或"211"名校的传统思政课学习，不是一件容易的事。除非去旁听，否则这个学生就必须要有这所名校的学籍，这对于中国很多大学生来说已经遥不可及。但是一个学生如果想听一节"985"或"211"名校的思政慕课就非常容易了，只需要支付极其廉价的学习成本或者零成本就可以实现。这极大地打破了教育资源的壁垒，更有益于缩小地区教育差距，实现教育公平。毕竟思政课关系着培养什么人的问题，全国范围内各级、各类大学生都应该接受优质的思政教育，补精神之"钙"，为成为担当民族复兴大任的时代新人提供思想基础。

（三）为思政课过程考核实现了设想

课程考核是一门课重要的一个环节，也是一门课"教"与"学"状况的反馈。课程考核可以加强学生对一门课的重视程度，备考的过程也是对一个学科的知识进行集中梳理的过程。当前思政课改革提倡更加注重过程，实现从教材体系向教学体系的转化。慕课可以做到将这门课学生学习的每个环节"留痕"，比如登录出勤都会有所记载，记录学生在某时某刻在线学习这门课，并在其中进行了哪些互动环节，一个学期提交了几次作业和测验。这样考核平时成绩比课堂点名抽查更为科学，点名只是点到学生出勤与否，而慕课的过程痕迹化管理不仅使教师了解学生有没有在线出勤，而且了解到其整个学习环节。课后作业和测试在慕课系统提交，既便捷又便于系统自动批阅成绩记入平时成绩，真正实现客观公正的过程考核。而且批阅后的作业可以很迅速地反馈给学生，不像传统思政课期末交了作业师生基本就不再见面，并且避免了一个教师一学期教几百人，作业也很难返回到学生手中的局面，毕竟思政课理论传授和育人才是最终目的，在这个过程中作业的订正其实是至关重要的。

这种过程考核的方式会使学生更加注重学习思政课的整个过程，而不仅仅是期末考试这个最终结果，注重过程才会沉浸其中，沉浸其中才有可能真心喜爱、终身受益乃至毕生难忘。

三、慕课对思政课的新要求

（一）对思政课程提出了更高的要求

慕课改变了纯课堂思政课教学"我讲你听"的模式，在"互联网+"融媒体的背景下，实现了学生随时随地可以借助科技媒介学习思政课。但是随时随地可以学习思政课，并不等于学生随时随地想要学习思政课。慕课是一把双刃剑——如果学生本身对思政课感兴趣，慕课借助手段的创新，使思政课学习讲授与视频、媒体融合而"声情并茂"，锦上添花；如果学生本身对思政课并不感兴趣，而是迫于老师的督促和签到的压力去课堂，那采取慕课的方式就会给学生逃课以可乘之机，他们可以"灵活"地打开慕课界面，然后做其他的事情。所以，实施慕课教学的前提是要提高思政课的吸引力和学生的获得感，使学生至少是大多数学生认同并愿意上思政课，这样才能保证他们在教室外、屏幕前能够主动地听课并完成学习。这就需要思政课本身的配方要更先进，包装要更独特，工艺要更精湛。更加贴合学生的实际，更有时代感，使学生自主自愿地坐在电脑前参与思政慕课的学习，这就对思政课的吸引力提出了更高的要求。

（二）对思政教师提出了新要求

从传统课堂到慕课教学，从线下几百人的大教室里到互联网或者移动互联网线上，这种时空的转换对于在传统课堂授课若干年的思政课教师来说，必须进行技术的跟进和角色的调整，这就对传统思政课教师提出了新的要求。

首先，思政课教师在备好本职课程的同时，还要掌握好融媒体慕课的必须技术。教师不仅仅要能讲好思政课，还要掌握在线回复学生问题、回应学生讨论、随时发布测验、发布课件及有关视频、在线布置小组作业并进行跟进指导等手段，这不仅要求教师在镜头前能自如讲课、熟练使用慕课软件，还要求教师熟悉一些配套辅助软件的使用，如抖音、视频、剪辑软件等。这种媒介素养的新要求，对于一些"80后""90后"中青年教师来说，并不太难，但是对于一些不善于使用融媒体的老教师来说，的确是一个不小的挑战。

其次，思政课教师要处理好"线上"与"线下"教学的关系。虽然慕课教学大大弥补了传统思政课课堂教学的不足，但是我们必须始终牢记思政课的育人属性，切忌过于沉迷于五花八门的技术，而忽视内容本身、忽视了思政课本身的育人属性。再新的技术手段、再多的好看、有趣的视频也不能替代理论本身的讲准、讲透。良好的课堂讲授能力，得体的教风、教态，扎实的理论讲授基本功，无论何时都是思政课教师立足的根本，在此基础上，实现传统课堂与慕课、线下教学与线上教学的互补。

（三）对学生提出了新要求

普通高等院校思政理论课都是在大一、大二，也就是低年级大学生中开展。低年级大学生迈出高中校门时间不长，一些学生还习惯于我国中小学长期施行的政治课应试教学模式。很多学生本身对学习思政课并没有真心实意的兴趣，只是迫于考试和学分的要求，他们习惯于中学政治那种老师盯着学、看着背、反复督促的学习模式。一些学生在老师的不断监管下，高考或者会考的政治科目也能取得一个较好的成绩。如果在普通高等院校思政课中实施慕课教学，就需要学生有较强的自主学习能力，至少具备能够按时登录并观看完课程的自觉性，并且完成课后作业、讨论等环节。这对于国内相当一部分普通高等院校大学生来说，并不是一件容易的事情。他们可能一开始出于好奇可以按时完成课程，但是坚持一学期自主观看、自主完成作业就需要一定的定力或者辅助手段。

四、慕课在思政课教学中存在的问题

（一）"马太效应"问题

以往的思政课，学生在哪所普通高等院校，就上哪所普通高等院校的思政公共必修课，无从选择也不会刻意去对比，就是按部就班一学期上一门思政课，每周固定时间去固定教室见固定的老师，完成课业。引入思政慕课后，学生可以在电脑上或者移动互联网上观看慕课，以及完成一系列和课程有关的作业或者互动行为。近几年融媒体迅猛发展，网络上各种资源数以万计，大数据以我们想象不到的方式，又自然而然地作用于每一个"触网"的人。至今，普通高等院校思政课都有了知名普通高等院校制作的知名思政慕课在线课程，仅清华大学学堂就有整个思政课程的全部内容。那么在学生观看本校思政慕课的同时，大数据会在电脑上推送一些全国马克思主义理论或者哲学社会科学顶尖的普通高等院校的相关慕课。如学生在电脑前观看本校的一节"思想道德与法治"课的慕课，互联网或者移动互联网就会马上推送过来全国的大学主讲这门课的名师课程。慕课环境下学生可以打破学校学籍的界限，实行全网环境自由对比选择，毕竟我们不可能也不应该阻止学生选择对他们有帮助的课程。这就会形成"马太效应"，名校的思政慕课会越来越受欢迎，而普通高等院校的思政教师将原本的课堂教学延伸至线上制作，或者直播的慕课就可能不被学生所青睐。

（二）慕课新教材问题

思政慕课虽然形式标新，操作起来令学生喜欢，符合年轻人的阅读、观看习惯，在极大程度上体现了时代性的特征，但究其本质仍然是思政课而非某个娱乐节目。因此，形式可以大胆创新，但是思政课的育人功能不能改变，必须结合思政课课程改革和教材改革的趋势，做好新教材进入思政慕课课堂，继而做学生头脑的工作，而不能让学生热热闹闹看了慕课之后，头脑中并没有接受习近平新时代中国特色社会主义思想的武装和洗礼。如何做到新颖有趣、有技术含量，而又使政治教育效果满满，是思政慕课需要解决的问题。

（三）"言传"与"身教"结合的问题

思政慕课虽然弥补了传统思政课师生比、情感疏离、缺乏过程考评等方面的不足，具有一定的优势，但是存在一个明显的短板，就是由于师生通常是不见面的，尚未解决思政课教师思想教育与言行育人的"身教"问题。思政慕课纵然千好万好，但是学生见不到老师，无法接受老师本身"行为示范"的感化，这不得不说是一个缺陷。我们通常评判一个优秀的思政课老师，不仅仅是将理论讲准、讲透，还要以身作则传播正确的"三观"，还要对学生个体予以关注，注重对学生心理、情感、思想的启迪和引导。教师本身的格局、大爱、包容、宽厚乃至勤勉和学识都构成了一名思政课教师的"人格魅力"，这种人格魅力和其传授的知识及理论一样能起到育人的效果的。而且随着时间的推移，理论有些可能会被学生遗忘，但是一名好老师的人格启迪是可以铭刻在大学生人格养成过程中的。比如天津师范大学退休的思政课教师王辅成，退休后不遗余力为学生宣讲马克思主义科学理论1 320余场，听过他宣讲的年轻人说，他讲"三观"，能把人讲哭了，他有一批粉丝，他讲到哪里，他们跟到哪里。这种"讲哭"和跟随的原因，不仅仅是内容撞击学生心灵，也包括教师的人格感染。这种人格育人的"身教"作用，是隔着电脑屏或者手机屏幕的思政慕课难以达到的。

五、慕课在思政课教学上的应用路径

（一）充分发挥公共图书馆的作用

慕课是"互联网+思政课"的一种有益探索。什么是"互联网+"？简而言之就是将互联网和其他传统行业或者传统事物进行有机结合。思政慕课就是融媒体互联网时代和主阵地、主旋律的思政课的有机结合。这里面的"+"是加速发展、破旧创新的意思。在融媒体时代，人人有终端、处处可上网、时时有连接、物物可传播。图书馆在融媒体时代起到信息源的作用，应当对接当前思政慕课，将图书馆中关乎人类智慧结晶的馆藏资源用于思政慕课中。比如将传统文化诸子百家的馆藏资料，用于思政慕课中的中华民族传统美德的部分；将抗日战争、解放战争的馆藏资料用于思政慕课中弘扬中国革命道德的部分；将思政慕课在线资料、在线课程或者在线课堂中加入相关联的图书馆或者电子图书馆资料链接……其中，普通高等院校图书馆在思政慕课中发挥的作用是精英教育的模式，主要针对的是普通高等院校大学生的思政课教育；而社会公共图书馆则在思政慕课中发挥大众教育的模式，主要针对社会公众或者全民思政教育。

此外，图书馆可以搭建起思政慕课的在线检索平台。目前，我国已有1.25万门慕课上线，超过2亿人次参加学习。如何让学生或者想学习思政慕课的人在这么多的慕课中寻找到最适合自己的课程，这就要求图书馆应该搭建起方便易用的检索平台，发挥其助攻大众终生学习、终生思政的作用。

随着融媒体的发展，数字阅读成为广大公众特别是年轻人最为常用的阅读方式，碎片化的阅读已经成为很多人的阅读习惯。图书馆提供的慕课检索平台也必须符合大众这种阅读和检索习惯，毕竟"易检索到"才是坐下来参与思政慕课的前提。

（二）创建独具特色的思政慕课

近一两年，在高等教育领域，的确出现了"慕课热"现象。基于慕课的便捷性和其在促进教育公平中发挥的作用，我们可以断言，慕课将在未来相当长的时间内继续"热"下去。然而，正如多媒体幻灯片及PPT课件代替传统板书一样，技术手段的运用将弥补传统教学的不足，但是不会完全替代传统的教师讲授，思政慕课也是一样。它可以作为适应新时代，上"活"思政课的一个手段，但不会完全替代思政教师对学生的面对面指导。我们如何做避免跟风，切实发挥思政慕课的作用，做出思政慕课独有的特色呢？

首先，融合而非替代传统的思政课堂教学。思政慕课是大学思政课教学手段的一种融时代有益尝试，但并不能等于思政课全部。普通高等院校思政课除了理论传播的"教书"属性外，还承载着思想教育的"育人"属性。这是思政课与其他专业课或者外语、高数类公共课的最大区别。思想教育功能如果离开了面对面交流，效果是会大打折扣的。技术的优势是有目共睹的,但是传统课堂也并非一无是处,否则也不会在我们高等教育发展历程中经久不衰。因此,要辩证地将思政传统教学与思政慕课融合起来,使两种方式实现优势互补,针对每所院校自身的情况,承担起大学生思想教育的使命。

其次,可以用翻转课堂的理论改善思政慕课,形成"思政慕课+翻转课堂"的模式。传统课堂遵循"先教后学",先认识后实践的逻辑顺序,采取典型的教师课堂讲授,学生在课堂内学,课后完成作业的模式。翻转课堂遵循"先学后教"的模式,由学生课下自主完成学习并提出问题,课上和老师一起交流、研讨事先发掘的问题,并探寻解决方案。思政慕课可以学习翻转课堂的理论,比如一所普通高等院校一个年级的学生采取思政慕课的方式完成一门思政课的学习,可以在学生每周在线观看思政慕课并且完成在线相关环节的基础上,在期中和期末或者每个月,选取固定的时间,由本门课本校的思政课教师集中采取面对面上课的方式,解决这段时间学生在思政慕课学习中的问题。其过程不仅仅是答疑解惑,还有理论和相关问题的研讨,这种形式类似于翻转课堂。这样,既发挥了思政慕课本身的技术优势,解决了师生配比不足的问题,又弥补了师生缺乏面对面"言传身教"的弊端。

(三)完善慕课教学平台建设

第一,加强顶层设计,打造覆盖全国高校的慕课平台。慕课平台建设是一个综合的、系统性的工程,包括网络教学传输和交互系统、网络教学资源系统、网络教学管理系统等要素,其搭建需要资金、技术、人才等多种支持。因此,首先,高校必须要加强顶层设计,重视慕课平台的开发和建设,要积极投入人力、物力、财力进行物质支持。其次,慕课的建设具有开放性,不能局限于少数学校开发,国家应积极推动不同层次的学校自由进入并共同开发建设维护。要遵循由重点建设到普遍建设的战略。先由具有较高科研水平的"双一流"高校带头开发平台,然后以此为中心由点及面地向省重点高校及其他地方高校辐射,推动慕课技术的普及、建设和推广,最终建成覆盖全国的高校思想政治教育慕课平台。

第二,健全激励机制,提升教师网络教学水平。高校思政课教师是推进思想政治教育改革的原动力,要呈现慕课在教育教学中的价值,首先需鼓励教师学习新媒体新技术。高校要健全教师进行教学创新和教育改革的鼓励激励机制，加强对思政课一线教师的网络技术培训，邀请慕课课程研发的专家来校进行交流座谈、分享经验。同时，对于积极参与、探索慕课课程开发的教师，要给予表彰和奖励，这样才能真正调动教师参与网络课程制作、应用网络课程的积极性，形成崇尚创新的氛围。

第二节 基于翻转课堂的高校思政课程

一、翻转课堂的定义

"翻转课堂"教学模式，顾名思义，即把传统课堂进行翻转，变教师主体为学生主体，变传统讲授为充分利用新媒体等技术开展开放性和多样性课堂，最终都是以实现思政教学的最终目标为出发点和落脚点。现阶段，学术界对翻转课堂的概念界定总体上体现在以下几个方面。

（1）课前预习

课前，学生对学习内容的选择具有充分的自主权，可充分运用新媒体技术进行"淘课"预习。

（2）课堂学习

课中，学生通过教师引导对课堂进行主动学习、讨论和总结，运用教师讲授、视频音频学习、小组讨论等形式对课程主体内容进行学习和掌握。

（3）课后复习与考核

课后，学生回顾总结相关知识点并主动完成线上考核，教师在考核学生时充分体现人性化和主体性的特点。

二、翻转课堂的特征及要素

翻转式的思政教学模式在很大程度上体现了合作学习、信息化学习和个性化学习的基本特点,将教学立足点放在学生的"信息获得与加工""协作学习""自我提升"等能力的培养,其特点主要体现在以下三个方面。

(1) 个性化

"翻转课堂"教学模式的个性化体现在课程设计、课堂安排和课程评价,都是以学生主动学习的过程和自我能力提升的目标为价值导向。

(2) 协同性

翻转课堂的协同性主要体现在课前预习、课中学习和课后复习三环节的协同、教师与学生双主体的协同,以及学生学习知识和内化知识的协同。

(3) 数字化

翻转课堂最早出现于2007年美国高中化学教师在教学实践中,发现用屏幕捕捉软件录制讲课视频,之后发布到网上,可供缺席学生和学习有困难的学生自主学习,反复通过自学和课堂讨论来解决疑难问题。显而易见,现代化信息技术的广泛兴起是翻转式教学方式被广泛应用的重要基础。

三、翻转课堂运用到思政课程的作用

(一) 提高了教学实效性

在我国召开的思想政治会议中,习近平总书记做出明确指示,必须通过增强高校思政理论课程的亲和力,以此推动高校思政教学的深刻变革,既可以促进高校思想政治教学取得根本性的进展,又是增强高校思政课程亲和力、针对性的重要理论依据[①]。思想政治课程在高校的所有课程中的地位并不显著,一方面与高校领导的重视程度不足有关,另一方面与思政课的教学时效性不明显有关。思政课传统授课模式由教师单一传授为主,教师教学水平的高低、教学内容的吸引力、课堂管理效果直接决定思政课堂的教学效果。"翻转课堂"教学模式一改传统由教师主导的教学模式,

---

① 出自2019年3月18日召开的学校思想政治理论课教师座谈会上习近平的讲话

让学生在课前、课中、课后各大环节充分参与课堂，依靠信息技术给予学生多种学习模式和丰富的学习资源，开拓了学习的阵地。因此，开展"翻转课堂"教学模式，有利于将课堂的主动权还给学生，帮助学生开拓学习阵地、丰富学习资源、创新学习模式。大量的事例表明，自从我国实行新的课程标准以来，翻转式教学模式的出现顺应了我国教学改革的潮流，是对传统教学模式的深刻变革，该教学模式无论从理论还是实践层面，都起到了提升高校教学成效的显著意义。

（二）提高了学生的参与性

大学生作为高校课堂的主体，其自身特点是对思政课进行课堂改革的主要考量因素，个性化强、有独立意识、原始知识丰富、网络时代原住民等均是当今大学生的显著特点。传统思政课堂教师在课堂的权威性和科学性强，教师传授知识、学生接受知识是已形成的特点，但这种方式不适用于当今的思政课堂。一方面，从学生的个性化强和有独立意识上看，现在的大学生以"00后"为主，其更倾向于以自己的方式和角度思考问题，而不是一味接受教师的传授。思政教师在应对学生的思考角度和结果时，应以引导和鼓励为主，在开展课堂教学时也应积极调动学生参与到讨论的队伍中来；另一方面，从学生网络时代原住民和原始知识丰富的特点来看，思政课堂不应仍是对学生固有知识体系的简单重复，也不应单是以讲授、提问和讨论的传统方式展开，而应充分利用信息技术手段，引导学生广涉猎、勤思考，并在充分了解与思考中得出自己的见解。"翻转课堂"教学模式在增强学生课堂参与度上应用最广。课前主张学生自主学习教师上传和自己搜索的内容，在翻转课堂的教学实践环节，教师应利用多种教学方式和教学思维构建系统化的教学体系；在课后环节，教师应引导学生进行自主复习和测试；在翻转课堂的考核评价环节，考核主体应注重增强考核内容的多元化发展，方方面面都体现了思政课堂不断增强学生课堂参与度的要求。

（三）改变了教师的教学理念

高校思政课作为大学生思想政治教育的主阵地，其课堂效果的发挥一定程度上决定了高校开展思想政治教育的成效。我国教育部门针对思政理论教学颁布的相关政策和文件中明确提出，要切实推进思政理论教学方法和教学模式的变革。教师角色由知识传授者向学习引导者转变，教师教学方法由传统讲授向教学视频的筛选、制作与上传转变，引导学生建构主体知识体系。"翻转课堂"模式的着重点是教师在教学过程中发挥好自身的引导角色，引导学生在该模式下进行自主探究和自主学习，从内心增强对思政课程的兴趣，并不断培养自身的实践能力和创新能力。简单来讲，思政教师利用该模式教学应做到将学习的主动权真正交到学生手中。

四、高校思政课翻转课堂的发展路径

"翻转课堂"教学模式名义上虽是对课堂进行翻转，实际应用却体现在课前预习、课中授课、课后复习及评测的全过程中。高校应及时做好信息技术完整性和教学资源的整体性建设工作，这是开展翻转课堂教学的前提和基础，同时还要保证教师及学生都具有学习先进技术与手段、创新教学方法的意识和能力。在此形势下，本文就高校思政翻转教学的具体应用进行了合理分析。

（一）构建师生双主体

思政教师在开展教学中应一切以学生的根本需求为主，以促进学生的全面自由成长为基本立足点，因此在利用翻转课堂教学模式进行思政教学的过程中，需要将教师和学生共同确立为教学的主体地位，制订合理的人才培养方案和思政教学任务。首先，学生主体不可逆。基于建构主义理论和人本主义理论的"翻转课堂"教学模式，充分尊重学生这一课堂活动的主体，在充分尊重学生认知能力和学习结构特点的基础上，科学设置思政课程的教学内容和教学课程。由于学生独立意识强且热情主动，高校思政课堂以学生为主体，其课程设计可以以学生主动完成学习为主。其次，教师主体不可弃。教师传统教学授课形式虽使思政课略显枯燥，但不可否认，高校思政课仍是一门传授理论知识、传递价值理论、塑造学生世界观、人生观和价值观的课程，要想使大学生形成正确的"三观"，必然离不开思政教师的正确引导。最后，教师学生双主体是选择。宏观地进行分析，利用翻转课堂模式开展教学需要教师和学生形成合力。构建师生双主体，既可以使思政课摆脱枯燥与理论性强的固有思维，又能充分发挥学生的主体性，同时教师仍能传道授业，从而真正实现思政教学和翻转课堂模式的有机融合，进而达到高校开展思政教学的最终目的。

（二）提高教师的自身素养

与传统的教学模式相比，翻转式的教学模式要求教师开创全新的教学体系。首先，教师应坚定自身理想信念。教师应明确自身的教学任务，用习近平新时代中国特色社会主义思想不断充实自身。在新媒体和信息技术在教学过程中得以广泛应用的今天，思政教师必须在纷繁复杂的信息内容中坚定自身的理想信念，并引领学生树立正确的价值观。其次，在信息化教学的大形势下，高校的思政教师也应加强自身的信息化素养，掌握基础的计算机知识和技能。在开展翻转式的思政教学过程中，思政教师应对该模式与传统教学模式进行合理的比较，并不断学习制作视频、搭建网络学习平台、与学生在线互动、甄别优质网络学习资源等技术，提高自身的信息化教学水平。最后，思政教师也应注重提升自身的科研能力，从而最终达到"以研促教、研教一体"的目标。理论知识和教学方式都不是一成不变的，思政课教师必须不断提高自身教学的专业性，从历史维度、现实维度、理论维度、实践维度等多角度为学生阐述理论、分析理论、提升理论。与此同时，教师应在教学过程中加强对教学方式的研究，通过对教学过程的分析总结和对相关研究的学习提炼，进一步提升自己的课堂教学能力。

（三）注重课前、课堂和课后环节的紧密结合

"翻转课堂"教学模式的最大亮点就是将学生的课前预习、课堂表现和课后复习等三个环节进行广泛结合，以此实现思政教学的全方位育人、全过程育人特点。首先，在翻转课堂教学的课前预习环节，教师通过将本节课堂教学需要掌握的知识点和教学重难点制作成小视频，让学生提前进行自主观看和学习。教师鼓励学生在中国大学生慕课、智慧职教、知名大学网络学习平台、网易公开课等信息平台自主"淘课"，选择自己感兴趣的视频进行自学；教师要求学生将自学成果整合成自己的知识体系，并上传到平台或以书面形式在课堂上呈现。其次，在翻转课堂教学的课堂教学

环节，这一环节要求学生自主探究。传统意义的思政课最大的不足在于教师全盘灌输、学生被动接受、普遍教与学的特点。翻转课堂主张针对不同学生的特点开展差异化教学，学生通过成果展示、学生讨论、案例分析、视频学习、归纳总结等环节进行互动学习；通过展示自学成果、讨论课堂主题、归纳习得的知识建构自己的知识体系；教师对学生学习过程及成果进行引导，并对知识点进行梳理和呈现，使课堂效果实现质的提升。最后，在思政翻转式教学的课后复习环节，该环节要求学生巩固提升。思政教室应充分运用第二课堂，这是高校思政课教学改革的一大要求。思政教师应注重学生课堂学习的巩固提升，一方面要求学生按时完成平台的测评任务，查验自身理论学习的效果；另一方面主张学生走出课堂，即走向社会，通过拍摄微电影、参观实践教育基地等实践教学形式在实践中将理论落地，在实践中升华理论，又走向网络，通过微信公众平台、网页、手机App等进行延伸阅读，丰富自己的知识体系。教师在利用该模式进行教学的各个环节都需要做好对学生的考核评价工作，考核方式、考核内容和考核主体的设计都应本着调动学生学习自主性的根本目的。

（四）注重思政重、难点知识

首先，在将翻转式教学引入课堂时，教师应强调视频学习只是一种方式，其内容不是课程学习的主要内容，将学生从课前的分享与讨论中抽身，进入真正内容的学习。其次，在课堂环节，教师应着重针对教学的重、难点进行教学设计，成果展示、课堂讲授、课堂讨论等都要围绕教学的重、难点展开。最后，在课后反馈阶段，教师可基于学生的实践表现进行主观性考评。在利用翻转课堂进行思政教学的过程中，教师能否对整个教学课堂进行合理引导、学生是否能最大限度吸收课堂教学知识点，成为衡量该教学模式是否有成效的关键因素。

（五）教师统一管理思政教学课堂

利用翻转式的教学模式开展思政教学对教师提出了更高的要求，教师必须有效负责整个教学课堂的准备工作，比如根据学生学习特点筛选教学内容、制订教学方案、使用合理的教学手段等，同时还需在平台及时查看批改学生的自学成果，这对教师课前组织和管理能力是一大考验。与此同时，利用"翻转课堂"教学模式的最大特点就是让学生学在课前，在该模式的课堂教学环节教师主要为学生解答疑难问题、组织学生展开课堂讨论，并引导学生掌握相关理论，提升相关能力。为进一步提升课堂有效性，教师应组织小班讨论，将学生以小组形式进行相关内容的分享、讨论与展示，教师针对性进行点评，这既考验教师的知识水平，也考验其课堂管理水平。最后，考核和评价环节尤其是对教师和学生的考核评价，是该教学模式的重点内容。思想政治教育课程是对学生价值观进行正确引导的重要武器，因此，对学生的考核评价不应集中在理论知识层面。高校思政课是立德树人的关键环节，是大学生思想政治教育的主阵地，其对学生的考核与评价不应只是学生对理论知识的掌握程度，更应是思维能力的提升、正确价值观的养成、自身素养的提升等。这就要求教师应进一步探索学生考核方法，考核学生在翻转课堂整体教学过程中的表现及核心价值观的养成，以此有效调动学生的学习自主性和学习自觉性。

（六）线上与线下相结合

教育领域构建线上线下双渠道，即实现现实教学与网络教学的结合。高校思政课开展"翻转课堂"教学模式，其前提正是信息技术手段的广泛应用，因此构建线上线下双渠道是必然选择。在利用翻转课堂进行思政教学的过程中，思想政治教师应明确"颠覆课堂""翻转课堂"和"对分课堂"三者的异同点，进而将现代化的教学设备和教学方法充分利用起来，从而带动学生的思政学习积极性和学习主动性。第一，教师应分专题研究"翻转课堂"教学模式的适用内容，并提前组织集体备课，教师分工完成课前自学微课内容的录制。第二，思政教师应充分尊重学生的身心发展特点和认知能力特点，为学生制订个性化的学习方案。第三，教师要帮助学生筛选适合的网络视频和文字材料。第四，教师要合理分配微课内容、自主探究内容、讨论内容和课后实践内容，不同环节学习内容的设置都要给学生留白，启发学生思考。综上所述，教师在进行翻转式的思政教学过程中，应做到统筹兼顾教学方法、教学内容、教学模式。

（七）灵活设置思政课程

具体来讲，高校的思想政治课程包含近现代史、毛泽东思想、马克思主义哲学、法律、思想政治、形势政策等多种内容。不同课程对知识目标、情感目标和能力目标的要求不同，在课程内容的理论性上也有所区别。因此，利用"翻转课堂"教学模式开展思政教育必须根据此课程设置的具体情况而定。对于理论性强的课程，教师在课前自学阶段可提倡学生多学习知名大学的视频课，为课堂讨论阶段奠定理论基础；对于思想与情怀要求较高的课程，比如"中国近现代史纲要""思想道德与法治"等，教师可推荐学生多看相关视频、多搜集相关案例，既为课堂学习提供案例依据，也为学生价值观的培养与塑造打下基础；对于时事要求较高的课程，比如"形势与政策"课，教师可推荐学生多看新闻、刷学习强国、多查阅网页和微信公众平台的推送，了解当今的时事热点，为课堂学习提供现实指引。

第五章　VR 技术下的高校思政课程

本章内容为 VR 技术下的高校思政课程，主要从两个方面进行了介绍，分别为 VR 技术在思政课教学上的应用和 VR 技术应用于思政课教学的未来发展。

第一节　VR 技术在思政课教学上的应用

一、VR 的概念

VR 全称 Virtual Reality，其中文名字叫虚拟现实，从狭义和广义的角度对其进行划分，狭义的 VR 技术是指：借助于电脑或者融入式设备模拟出虚拟世界，提供给用户视觉、听觉、嗅觉、触觉的真实体验感，让人身临其境，达到一种超模拟的效果。广义的 VR 技术不仅涵盖狭义的内容，主要是泛指一切与之有关的能够实现模拟仿真的软硬件，以及所使用的技术与方法，例如"人工现实""虚拟环境""赛博空间"等。借助人机交互，达到现实与虚拟空间的有机转换，使人沉浸于逼真环境之中，实现部分或全部此效果的技术统称为 VR 技术。

从研究 VR 技术应用于不同学科角度进行区分，例如：魏涛从计算机与信息纯技术领域对这一概念进行阐释为，VR 技术是基于计算机技术、传感器技术、仿真技术等多种先进科学技术而研发的一种新型人机交互技术[1]；黄超、田丰、褚灵伟从教育培训领域对这一概念进行阐释为，VR 技术通过计算机仿真，建立一个沉浸式三维空间虚拟场景，通过 VR 设备将这个场景以 360°全景的方式展现在用户面前，并模拟人的听觉、触觉等，带给用户身临其境的感受[2]。之所以对于 VR 技术概念界定侧重点有所不同，是因为学者对其概念的界定往往与自己研究领域相结合，突出其对于研究领域的作用。但总体而言，目前国内外学者对于 VR 技术概念的界定存在争议较少。

二、VR 技术应用于思政教学中的作用

（一）促进了师生双主体的形成

将 VR 技术应用于思政课教学契合了建构主义学习理论，具有相应的理论基础。学生通过主动建构知识的意义，生成自己的经验、解释、假设，教师从环境上予以支持。学生和学生，学生和教师，对共同关注点进行交流、探索和质疑，关注彼此的想法，完成知识意义的建构。VR 技术应用融入思政课教学中，使教师和学生成了思政教育的双主体，教师创设好了虚拟的环境，学生在设定好的虚拟环境中主动思考、构建知识和情感表达，达到对思政知识的理解和掌握。

（二）突破了时间和空间上的局限

高校思政课教学，尤其是实践教学，往往受到时空限制，教学资源分配不均等诸多因素影响。VR 技术视域下高校思政课教学对于打破时空限制，为更好地节约教学资源提供了可行方案。VR 技术的应用完全使学生置身于一个沉浸式 VR 世界中，在这个虚拟现实的世界中完全打破以往时空的束缚，可以使教师足不出户就完成相应的教学任务。与以往传统的实践教学相比，VR 技术视域下的实践教学更加方便实效，有利于节约教学

---

[1] 魏涛. VR 技术在电子商务实验教学中的应用研究 [J]. 信息与电脑（理论版），2017 (19)：229-230+233.

[2] 黄超，田丰，褚灵伟. 沉浸式 VR 在教育培训领域中的应用综述 [J]. 电声技术，2017，41（Z4）：99-105+109.

资源，并且能够使学生完全沉浸其中，接受逼真的教学信息。VR技术的应用可以使教师在天津的课堂上带领学生参观南京中山陵的庄严肃穆，让学生对伟人肃然起敬；在北京领略泰山之巅的雄伟，让学生感受祖国山川景秀壮美；在河南接受井冈山红色文化教育，让学生接受革命文化熏陶。VR技术拥有强大的构想力、创造力、超现实力，远程虚拟现实强大功能，这就为打破时空限制，节约优化教学资源，提高学生学习效率奠定了基础。

(三) 丰富了教学内容，提高了教学效果

随着时代变迁、科学技术地飞速发展，VR技术虚拟现实场景更加信息化、逼真化、人性化。教师通过VR技术虚拟书本上的人物事件，操控客户端，有重点、有计划、有目的地引导学生开展课堂教学。学生则完全可以通过VR设备与历史人物对话、参与历史事件。学生在虚拟现实的世界中以自然的方式与虚拟世界中的舞台进行交互，相互影响，从而产生身临其境的感受和体验。VR技术的操作实施依附庞大的数据库，学生在沉浸式VR情境中，可以通过VR设备主动检索大量信息，激发思维灵感，提高自身的动手动脑能力，大大提高了思政课教学的实效性，达到"思政+信息技术"的创新。同时，针对思政课课程中含有的抽象难以理解的内容，VR技术还能够变抽象为具体，将枯燥乏味的理论知识转化为通俗易懂文字图片，从而大大降低学生理解难度。通过化文转图，可以有效实现降低思政课堂单调性、乏味性，缓解学生视感疲劳。

(四) 提升了学生的学习兴趣

传统思政课教学，老师主要采用的是讲授方式，学生通过阅读和聆听来获取知识。这种获取知识的方式只调动了学生听觉和视觉功能，学生兴趣不大，很容易陷入疲劳状态。VR技术具有交互性、沉浸性和逼真性的特点，使思政课的教学环境、教学方式和教学主体发生新的变化，给学生带来视觉、听觉和触觉等感官的刺激，使枯燥无味、艰深难懂的教学内容生动化、可视化和具象化，产生一种身临其境的感觉，提升学生学习的兴趣，提高学生对思政课的心理接受度。

（五）充分体现了以学生为本

高校思政课教学以人为中心，在教学设计、教学过程中，注重突破传统教学模式的弊端，构建适应新时代下的大学生求知特性，不断赋予高校思政课的新特性与新模式。随着"两微一端"地迅速普及，互联网和移动新媒体正逐渐改变着青年人的生活方式。"无人不网，无日不网，无处不网"的现象依然成为主流社会常态。将思政课融入 VR 课堂，能够有效刺激学生动手、动脑、动嘴能力，不断激发其学习热忱，充分调动学生在思政课堂上的积极性、主动性、创造性。同时，"VR+高校思政课堂"将改变传统单调乏味的课堂教学模式，打破"一言堂"现状，时刻以人为本，围绕学生开展教学，将以师为尊转变为师生双主体，充分尊重学生主体地位。VR 技术应用于思政课教学的过程中，教师借助于 VR 技术，可以通过操控平台及时掌握学生动态，便于加强师生之间良性互动，让思政课堂更加接"地气"，更具活力。

（六）调动了学生的主观能动性

将 VR 技术应用于思政课教学中具有明显的现实性。现在的学生大都从小开始接触互联网，对新技术和新媒体有一种亲切感，利用这种方式学习新知识，具有较好的效果，VR 技术将"看不见"的理论转换成"看得见"的场景，正符合学生学习的心理。"惟创新者进，惟创新者强，惟创新者胜。"[1] 当今时代是一个创新者的时代，VR 技术以创新思维和全新的视角，激发出思政课活力，契合时代的发展需求，将真实的社会关系场景重现在屏幕之中，这让思政课教学如虎添翼，充分发挥了学生学习的主动性。VR 体验是一种新的教学形式，通过创设具体的教学情境，使学生虽身在学校，却能体会资源所提供的虚拟情境之中，具有趣味性和参与性，学习由单向传递转化为双向互动，使用心学习变为身心并用，充分调动了学生学习的积极性。

（七）促进了思政教育资源的均衡发展

VR 技术具有虚拟现实性，打破时空限制，已然不是梦。未来高校思

---

[1] 出自 2013 年 10 月 21 日，习近平在欧美同学会成立 100 周年庆祝大会上的讲话

政课教学将实现足不出户完成相应的实践教学任务，相较于以往长途跋涉、跨区域进行的实践教学形式，VR课堂形式对学生可控性更有保障，可以避免意外事件的发生，将危险系数降到最低，时刻坚持以人为本的教育理念。同时，VR技术在某种程度上具有均衡不同高校、不同区域教育资源分配的优势。教师利用VR技术可以实现区域之间教育资源的共享化，使不同区域、不同高校教育资源的均衡化成为可能，实现教育的协调化与均衡化发展。目前，我国区域经济发展水平不均衡，势必造成东西部教育资源差距悬殊的现实问题，同时，高校之间师资力量分布不均匀等问题也较为严重。面对这些客观的现实问题，VR技术完全突破了时空限制，打破了传统实践教学模式。在这虚拟学习环境中，不同高校、不同区域教学资源实现共享已然成为可能，进而实现协同发展，共建和谐高校思政课教学环境。

三、VR应用于思政课教学中存在的问题

（一）成本方面

VR技术作为一项新兴技术，其以开发难度之大，产品价格之高著称。高校普遍使用VR设备用于思政课教学，无论是从自身研发，还是采购相关的VR教学设备，都是一笔不小的费用。这对于部分教学资金紧缺的高校而言，难以实现大范围将VR技术应用于高校思政课教学。在"VR+高校思政课"教学过程中，最"烧钱"的就是生产内容，无论是做渠道，还是做超级教室，都需要让用户为制作这些优质的内容"埋单"。同时，后期"VR+高校思政课"教学制作内容同质化严重。部分高校一心打造自己精品课程，往往单打独斗，势必会增加自身VR课程研究制作成本。一节精品VR高校思政课程需要由一线教师、专业策划师、3D建模师、3D动画师、音效师、专业程序人员等工作人员制作而成。众多的工作人员，烦琐的制作过程，必然导致"VR+高校思政课"投资成本较高。同时，随着课程内容不断更新、充实、发展，社会热点层出不穷，学生心理特征也在时刻发生变化，这就需要高校思政课教学课件不断地更新，以弥补自身不足，更好地服务于教学。非一劳永逸的高成本、低效率课程制作内容令很

多高校望而止步。

（二）教师方面

VR 技术应用于思政教学是一种新的教学手段。从心理方面来说，在利用 VR 技术进行教学的过程中，不同的教师基于自己的心理认知，将其用于教学的兴趣与态度，按照自己的背景产生了不同的想法。教师在心理上是否适应？从能力方面来说，思政课教师是否具有大数据、人工智能和 VR 技术等新技术的使用能力？从环境方面来说，VR 环境由信息技术、资源和设施等配套形成，教师是否具备创造和适应这样的环境？从人际方面来说，能否与其他教师进行交流与协作，能否与技术支持人员进行有效沟通？从行动上来说，由于部分老师在使用 VR 教学会有头晕不适应感，那么，教师是否真正愿意在实践中不断去体验、去使用？这些都对 VR 技术融入思政课教学形成了极大的挑战。

VR 技术融入思政课堂对高校思政课教师提出了全新的高要求，正如将"教师称为艺术家"赋予教师创新性，将教授学业提升至艺术创作的至高水平，追求艺术的完美性。诚如，一位学者提出"VR 教师要具备角色表演戏剧能力"的新倡议。教师操作 VR 技术必须熟练，本领过硬，有丰富的 VR 技术基础，能够完全驾驭 VR 设备及相关配套设施，使其更好地为思政课教学服务。同时，教师必须改变过去的教学模式，摸索出一套适合虚拟现实的教学模式，并能够熟练地掌握整套 VR 设备，能够根据实际教学情况制作出相应的教学课件，不断根据时政热点增添新的内容，使课件内容更加丰富充实，让高校思政课更加有趣、有料、有意义。教师要全面掌握学生的动态，这样才能真正将技术服务于教学，而不是为技术"打工"。

（三）内容方面

随着 VR 技术的运用，思政课教学模式和教学策略也要相应发生变化，根据学生的认知能力和情感变化不同，教师要不断变换教学策略，这得让教师有一个适应的过程。另外，VR 教学本身的局限性，使得 VR 内容要融入教学体系和教学系统也有一定难度。如果完全按照思政课程的教学目标制作全部内容，任务十分艰巨，但是对于教学来说，只有体系化的教学内容，才能真正发挥教学作用。从目前情况看，VR 教育资源十分有限，无法形成一个完整的教学体系。

为了促进学生关心国内国际大事、关心当代发生的社会巨大变革，增强学生的社会责任感，弥补教材内容更新缓慢的缺点，加快最新理论实践进课堂、进头脑的步伐，思政课教学要"因事而化、因时而进、因势而新"①，解放思想，实事求是，与时俱进，紧跟时代发展和理论创新的步伐。目前，VR 技术制作内容耗时很长、费用很高，所形成的教育资源基本上处于各自为用的状态，尚未形成共享机制，没有进行顶层设计，缺乏统一的规划和标准，存在重复建设和难以对接使用的情况，造成整个资源使用效益低下，很难保证教学时效性。

（四）关系方面

VR 高校思政课主要面临着"主体"与"客体"即教与学、"主体"与"渠道"即教师主导与教学手段、"客体"与"渠道"即教学对象与教学手段三对关系。目前，在 VR 高校思政课教学过程中此三对之间关系处理不当现象依然存在，具体现象如下：一是"主体"与"客体"的教与学关系处理不当，高校思政课教学过程中存在部分教师的"教"与学生的"学"未能真正衔接起来，一味追求教学模式的新颖度，只求"哗众取宠"而"忘其根本"；二是"客体"与"渠道"的关系处理不当，现实高校思政课教学过程中部分教师过分追求教学新颖性、追求华而不实的所谓"创新性"教学模式，从而忽略了学生这个受教主体，倡导技术为王，舍本取末；三是"主体"与"渠道"的关系处理不当，部分高校思政课教师，为了追求教学形式的新颖性、吸引广大学生的眼球，而夸大、凸显技术重要性，整节课以"机灌"为主，倡导技术主导课堂，教师作用降低。其实，将 VR 技术融入高校思政课堂，必须把握一个"度"的问题，如果一味地强调技术忽视内容，则可能过犹不及，难以达到理想化效果，相反融入力度不够则会达不到理想的教学效果。因此，VR 技术实现合理运用必须张弛有度。

---

① 出自 2016 年 12 月习近平在全国高校思想政治工作会议上的重要讲话

（五）质量方面

目前，VR技术制作的思政教学课件多以小视频、小片段呈现，缺乏统一的制作标准，开发的内容十分短缺，只能实现教学场景的营造，无法体现教学的本质内容。如果想获得优质的思政课教学内容，VR课程的制作需要进行前期的可行性认证，中期的内容开发和程序设计，后期的更新维护，这对技术人员和教师综合素养要求都很高。同时VR硬件设备较贵，需要较多的财力作支撑。如果仅用于一般教学上，性价比并不高，实效性并不好。学生在思政课学习中，VR技术切入思政课程既难做到自然无痕，又难做到重点突出和内容深刻。VR技术与高校思政课教学的融合对师生的信息素养有较高的要求，VR技术要想激活思政课教学，需要师生投入更多的时间和精力，才能在质量上、效果上达标。

（六）机制方面

管子曾经指出，"有道之君，行治修制，先民服也"，国家建设与民生改革需要制度体系保障，要把权力装进制度的牢笼，不能放任权力横行，依靠制度时时规范、制约、检测。教育为国家繁荣发展培养后备人才，构建各行各业人才体系，关乎国计民生大事，亦需要制度建设。"VR+思政课"教学能否取得实效性教学效果，这是诸多人质疑VR技术能否应用于高校思政课教学主要因素。故而，就需要实效性监测机制的建立，及时反馈学生掌握的知识情况，以此作为规范与衡量"VR+思政课"实效性。目前，在"VR+思政课"教学过程中，教师在VR设备监护过程中还没有配套成熟的辅助技术，对学生学习过程进行有效的客观评价，进而很难保证学生学习的质量。运用"VR+高校思政课"教学，我们预期达到一个什么样的效果，学生在课堂教学过程中收获怎样，如何对于学生进行客观的评价，检测机制的建立指标如何，在衡量学生学习成效过程中应该注意哪些问题，如何避免这些问题都需要构建系统科学的评价体系。

（七）实效性方面

"VR+高校思政课"教学能否达到教学应有的实效性，这是来自高校和外界各方的"顾虑"和"质疑"。学生交互体验感不足是质疑"VR+高校思政课"实效性的主要原因之一,其中造成学生交互体验感不足的原因主要有以下两种。一是 VR 技术服务于高校思政课教学的过程中,自身存在的诸多问题也渐渐呈现出来。头戴式显示设备体积过大,重量较大,视域相对狭窄,头部活动的自由度完全受到限制。学生头部长期置于沉浸式头盔里面,容易产生视觉疲劳,VR 头盔的延迟效应,更容易使学生产生头晕目眩等不良反应,这无疑会严重影响学生的体验感,严重影响教学效果。二是 VR 设备自身存在的缺陷,教师无法通过客户端及时掌握学生学习动态,及学生具体接触的信息状况。这容易致使学生在 VR 思政课堂上获取的知识量大幅度降低,不利于学生掌握科学理论知识,更不利于全方位提升自身品德修养,培养新时代有用、有为好青年。

四、VR 在思政课教学的实施原则

（一）VR 技术教学形式多样

在新媒体新技术大环境下，"互联网+教育"盛行于世，极其火热。VR 融入高校思政课堂更是被大力提倡，实现技术与思政教育地高度融合，达到思政教学效果最大化的效果。在日益激烈的竞争环境过程中，诸多高校争相发力寻找自己的立足点，群策群力，搞科研、兴教育，打造独特精品课程。高校在思政课教学科研领域，注重立足现实，在创新中抓实效，在改革中探路径，在发展中谋生存。实现高校思政课教学形式由单一化向多样化方向发展，采用丰富多彩、迎合学生求新创异心理、深受学生欢迎的高校思政课程。如若长期地实施单一的高校思政课教学模式，不仅会使教师产生懈怠心理，故步自封，难以创新，而且容易让学生产生厌倦心理、抵触情绪，大大降低学生求知进取的积极性，长此以往对学生思想政治教育的发展将产生难以估计的损失。

（二）VR 技术为思政内容服务

在高校思政课教学过程中，将 VR 技术融入思政课堂，打破固有高校思政教学弊端，在追求课堂教学实效性的基础上，进一步探索创新型课堂教学，寻求新时代下教学新形式。高校思政课教学的初衷是内容为王，技术为用，合理把控二者所占比重，防止舍本取末，因小失大。教育的本质是灵魂地呼唤，而并非纯粹知识地灌输，思政课更是如此，其教学目的与本质制约课程设置，故而何为本，何为用，将毋庸置疑。思政课教学无论从其初衷还是实质而言，皆是追逐教学实效性最大化，时刻秉持"以人为本"，将教化与培养学生作为出发点、归宿点，其余都是配角。在思政课堂上切忌盲目追求教学形式的新颖性、以吸引广大学生眼球为目的，而过分夸大、凸显技术重要性，整节课以"机灌"为主，违背思政课教学初衷。

（三）VR 技术为思政教师服务

"师者，所以传道授业解惑也。"教师的教书育人、解疑释惑的主体地

171

位一直未曾动摇。然而，新媒体新技术的横空出世，其优越性逐渐被世人认可，甚至无限放大，更有甚者"技术代替教师"的声音萦绕耳际，并有相当一部分学者对此深信不疑。究其原因所在，不难引起我们反思与重视。教师作为思政课堂教学双主体之一，其重要性不言而喻，无可替代。VR 融入高校思政课教学，其利地引导，弊地规避，完全取决于教师，而非 VR 技术。"主体"与"渠道"二者关系的把控，在思政课教学过程中所占比重，需要回归思政课教学的目标与归宿，是否坚持以人为中心开展教学及实践活动。过度追求教学的新颖度，追求华丽而忽视实效性，这显然是没有很好地摆正二者的关系，是盲目追求 VR 技术优势，忘其根本，没有合理协调平衡二者关系所致。教师没有更好地扮演言传身教、循循善诱的施教者角色，更没有正视 VR 技术优势与劣势，充分发挥优越性，取其优势，弃其不足，辅之思政课教学，以达到思政课教学效果最优化。

五、VR 技术应用于思政课教学的有效实现路径

（一）教师方面

在心理方面，为了提高 VR 技术在教学过程中的效果，应从学校支持、模范示范等方面，增强教师的自我效能；从个人目标、个人评价和个人学习等方面，培养教师的乐观心态；从心理辅助、心理培训和社会支持等方面，培育教师的坚韧品质；同时利用系统思维，加强自我效能、乐观心态和坚韧品质的协调与联结，促使其整体功效的最大化。在能力方面，当 VR 技术应用于思政课教学时，教师应不断学习，提高自己教学资源的设计能力、开发能力、升级能力。在行为方面，对教学准备中的行为转变，适应信息化教学备课，创新教学资源和环境，利用互联网搜索资源。

（二）教学方面

1. 课堂

在"互联网+教育"成为教育主流，各个学科争相构建"互联网+"模式的时代潮流下，高校思政课作为构筑意识形态的主阵地，肩扛社会主义鲜明旗帜。实现"VR+思政课堂"教学，需要倾力打造"三模式"下的

"VR+思政课堂"教学。一是构建线下"VR+思政课堂"教学。着力打造现实版精品VR思政课堂教学，充分挖掘VR技术的优势，大力投入硬件设施建设，渲染思政课堂文化氛围，创新思政课堂教学理念，致力于打造形式新、内容新、理念新、实效新思政课堂教学效果，实现新时代下与时俱进的"VR+思政课堂"教学。二是打造线上"VR+思政课堂"教学。"VR+思政课堂"教学需要充分发挥互联网的积极作用，依据互联网优势所在，实现不同院校、不同区域的"VR+微课思政课堂"教学资源共享，实现足不出户跨时空学习的目的，充分发挥线上"VR+微课思政课堂"教学的作用，构建平台共享、资源共享、教学共享的高校思政课教育教学模式，充分发挥线上"VR+思政课堂"教学的积极作用。三是打造线上线下双结合的"VR+思政课堂"教学模式。基于"教育三个面向"的教学理念，"VR+思政课堂"教学亦是如此，高瞻远瞩，与时俱进，打造多领域、多平台、多方位的思政课堂教学模式，打造线上线下、网上网下协同发展的"VR+高校思政课"教学模式。

2. 教学内容

VR技术与思政课教学的核心是开发优质的课程内涵，而不仅仅是一个场景的呈现，要拓宽思政知识延展性，精选课程核心内容，实现知识传授与价值引领两者结合。为了切实提高思政教学的实效，一方面要通过VR技术所展现的内容，使学生真正喜欢上思政课，实现思政课的教育价值；另一方面，做好思政课内容融合和深化。现今，孤立的和单一的知识点不再能满足学生对知识的渴求。要通过VR技术所展现的内容，激发学生的学习兴趣，抛砖引玉，由浅入深，用开放性视角过渡到更高层次的学习。同时，充分发挥学生的积极主动性，自动自发构建新知识，促进学生在情感、心智和伦理等方面多维发展。

3. 实践教学

一是现场实践教学与虚拟实践教学互补。针对思政课理论知识不仅是学懂、学通、学透，更重要的是有所思、有所悟，学以致用，践行于实际。学生在参观纪念馆、博物馆、历史文化圣地的实践教学过程中，亦可借助VR设备，体验虚拟现实中的纪念馆、博物馆、历史文化圣地，体验现实与虚拟中不一样的感受，使学生真正观有所感、学有所获。二是虚拟现实中的"VR+思政"实践教学。"VR+思政"实践教学可以借助VR虚拟现实的强大功能，打破时空限制，实现足不出户体验不同区域的实践教学。同时，随着"互联网+教育"及大数据的发展，网课资源共享已然成为共识，不同高校倾力打造的精品思政实践教学课程，亦可实现协同发展，资源共享。三是虚拟创新"VR+思政"实践教学。一切现象的呈现皆源于现实，"VR+思政"实践教学的内容制作及教学设计的过程不是一成不变的，亦可在原有实践教学的基础上，基于历史事实，进行人为内容地融合、升华、创新，打造与众不同、内容丰盈、有趣有意义的"VR+思政"实践教学课程。

4. 教学方式

通过"学生讲解+深度体验+个性讨论"启发教学、激发兴趣，增强体验。传统的思政课教学主要采用灌输式的讲授法，不能很好地形成师生的互动机制，发挥学生的主观能动性；而通过 VR 技术，实现教师逻辑思维的直观化，知识的可视化，这样就便于更好地组织探究教学，让学生在教师的引导下，主动参与到发现问题，寻找答案的过程中，启发学生独立思考的能力，切实提高学生解决问题的能力。

通过综合教学，系统集成，融会贯通。综合教学是指整合传统的课堂教学和虚拟的实践教学，集成各种教学方法、教学内容和教学手段。一是综合传统的课堂和实践教学与虚拟实践教学学习相结合，优势互补，形成一种复合的教学方式，为学生提供多种选择。二是综合高校思政课实践教学内容。比如"思想道德与法治""毛泽东思想和中国特色社会主义理论体系概论"和"形势与政策"等内容，通过 VR 技术，实现虚拟课程内容之间的有机整合。三是综合高校思政课实践教学资源。VR 实践教学可以使用多种载体，网页、手机等，以实现资源共享的多样化，让学生更好地学习。

通过虚拟教学，规避风险，便于管理。随着 VR 技术在教学活动中的应用，改善了教学环境，创新了思政课的教学方式。通过 VR 制作和教材改编，让学生身临其境，实现思政课的切身体验。这样可以减少学生外出实地参观考察，特别是疫情防控期间，可通过远程教学平台，开放教学资源，只要学生具有相关的设备和软件，就可以跨越教室空间、多媒体设备等硬件环境，投入到逼真的 VR 教学环境之中。同时有效解决了组织难、费用高和安全性低的思政课实践教学难题，使学生体验感更加丰富，提升思政教学的实效。

（三）课程方面

在"VR+课程思政"教学过程中，需要从以下几个角度进行。一是借助课程的相关性。诸多学科内部都存在其共性与特殊性，知识内容的相关性亦无可分割。这必然要求学科知识教授需要不同学科知识作为铺垫，穿插其中。将 VR 融入不同课程，以本课程学科附加思政教育内涵，从共性中赋予思政内涵教育，穿插 VR 思政课程内容，增强课程的学理性、教育性。二是辨析课程的区别性。挖掘课程教学即是一门艺术，亦是一份心力活。学者需要悉心深究，方能发现不同课程其区别所在。面对不同学科固有的特殊性，VR 融入不同课程的过程中，需要赋予符合本课程特色的思政教学内容、教学模式、教学技巧，切忌照抄照搬、不知变通，只有这样才能达到"VR+课程思政"教学的初衷。三是立足课程，创新 VR 教学。从课程教学到课程思政教学，从思政课程教学到课程思政教学，概念地延伸，教学目的、教学意义转折显而易见。实现"VR+思政"课程到"VR+课程思政"地华丽转身，无疑给广大教育者带来新的挑战与磨砺。要立足原本课程，打造适应本课程的 VR 课程思政教学。

（四）共享机制建设方面

共享机制在实践上可以有两种方式：一种是全国的资源整合与共享，另一种是省级的资源共建共享平台，这两种方式建成后都可以有效整合资源。利用 VR 技术建设思政课教学资源的过程中，现存在教师不太懂 VR 技术，技术人员不太懂思政教学的情况，需要制订统一的标准和制度，建立好 VR 技术开发、引进、运用等相关配套机制，这要协同高校和 VR 技术开发机构方可完成。一方面，高校通过建立相关配套机制，及时获得学生和教师的使用反馈，将技术需求及时反馈给技术方；另一方面，VR 技术开发机构根据反馈收到实际需求，保障硬件设备使用的延续性和软件设备开发的时效性，让整个 VR 思政课资源紧跟时代发展和理论创新的步伐，与时俱进，不断产生新的效果。

六、VR 技术在思政课教学的应用探索

(一)"马克思主义基本原理"

"马克思主义基本原理"讲授的是马克思主义世界观和方法论的基本原理,需要学生深入领会和准确把握马克思主义的实践性、科学性、革命性,学会运用马克思主义分析世界,强化对人类社会发展规律的认识。该课程内容比较抽象,难以有代入感,导致课堂中学生的反应不积极。利用 VR 技术构建一个虚拟现实的环境,分两个环节进行教学。一是对重、难点理论的再认识,针对课本中的一些难理解的哲学问题,教师可以通过虚拟环境中案例的角色扮演,让学生从角色的演绎中,弄清这些问题的本质。例如,以"马克思主义劳动价值论"为例,如何理解商品二因素的矛盾来自劳动二重性的矛盾。可以将理论中涉及的买卖双方进行角色扮演,让学生可以理解商品是使用价值和价值的矛盾统一体,体现生产商品的具体劳动和抽象劳动的对立统一。二是通过模拟真人图像,实现面对面交流,让学生根据知识点提出与课本相关的问题,加深对理论知识的理解。

(二)"毛泽东思想和中国特色社会主义理论体系概论"

"毛泽东思想和中国特色社会主义理论体系概论"讲授的是马克思主义中国化的理论成果,帮助学生理解中国共产党为什么能、马克思主义为什么行、中国特色社会主义为什么好。"毛泽东思想和中国特色社会主义理论体系概论"是对马克思主义思想的继承和发展,学习"毛泽东思想和中国特色社会主义理论体系概论",有助于学生理解中国近现代时期的发展规律,增强学生坚持中国共产党领导和走社会主义道路的信念。运用 VR 技术构建虚拟场景,让学生从虚拟现实中看到自中华人民共和国成立以来,中国共产党带领全国人民艰苦奋斗取得的成就,增强其民族自豪感和爱国情怀。例如,模拟老一辈科学家为了国家的强大,放弃国外的优厚待遇,隐姓埋名在恶劣的大漠环境中工作几十年,为国家奉献一生的场景,让中国精神刻在每一位学生的脑海中;此外,也可模拟"中国梦"实现后的场景,畅想未来,进一步增强学生的"四个自信"。

（三）"中国近现代史纲要"

"中国近现代史纲要"讲授的是中国近代以来争取民族独立、人民解放和实现国家富强、人民幸福的历史，帮助学生了解党史、国情，深刻领会历史与人民选择走马克思主义道路、选择中国共产党、选择改革开放的必然性。新时代的学生处于一个最好的时代，没有经历过战争和深度贫穷，对党和国家发展的艰苦卓绝难以感同身受，也就不能全面认识中国人民选择走马克思主义道路、选择中国共产党、选择改革开放的必然性。我们可以运用 VR 技术，重现历史事件中的重要时刻，在虚拟现实世界中，让学生参与事件发生全过程，感受在历史的拐点，人民群众为何选择了中国共产党，中国共产党如何带领全国人民走向更好的未来。

在如火如荼的新媒体新技术广泛应用于高校教学氛围下，"中国近现代史纲要"致力于与时俱进，搭载科技快车，努力挤占桥头堡，丝毫不敢懈怠。VR 技术的优越性逐渐被世人认可与接纳，VR 技术与"中国近现代史纲要"完美结合，演绎精妙绝伦的时代课程，已然成为大势所趋。VR 技术视域下"中国近现代史纲要"专题教学要坚持以下三个原则：一是立足课程定位，VR 课程设计要遵循历史教学的规律，围绕中国近现代史的主题和主线展开，坚持以历史唯物主义为指导思想，尊重历史的客观性、整体性、必然性的原则；二是处理好两个关系，正确区分对待"中国近现代史纲要"与"毛泽东思想和中国特色社会主义理论体系概论"课程之间的关系，引导学生深度思考，挖掘潜在内涵；三是注重历史与现实的联系，注重教学要时刻围绕中国近现代社会发展的主线，同时，兼并穿插时代热点，由点到面、点线交叉、层次分明，构建完整课程专题教学。在实际 VR 技术视域下的"中国近现代史纲要"专题教学环节下，课程设计上要主题明确、重点突出、脉络清晰、凸显主题色彩。例如：在中国现代化道路探索与发展专题教学设计上，借助 VR 技术虚拟现实的技术，重现国共合作、北伐战争、国共分裂、中华人民共和国成立等历史场景，让广大师生身临其境感悟历史选择、人民抉择，切身领悟中国现代化道路探索的艰辛与曲折，并最终探索出一条适合一党执政，多党合作的道路。在政党政治与近现代中国从鸦片战争到出兵亚丁湾、从"闭关锁国"到"大国外交"、历史人物评述其余几个专题教学中，有针对性地对于专题教学环节中重大事件、关键知识点，进行VR技术虚拟穿插，让师生亲身感悟、增强其印象，真正实现教学初衷。

（四）"思想道德与法治"

"思想道德与法治"讲授马克思主义的人生观、价值观和法治观，培育学生的社会主义核心价值观和法治意识。该课程与学生的学习生活相关性强，比较容易理解，但是在引导学生践行社会主义核心价值观的过程中，仅通过简单的口头授课，难以让学生真正入脑、入心。受客观因素的影响，多数高校难以带领全部学生到红色教育基地或其他校外场所参观学习，接受红色文化熏陶和革命精神洗礼，因此在这一课程中建议运用VR技术构建社会实践教学的场景，增强理论教学的说服力。例如，在虚拟现实环境中构建侵华日军南京大屠杀遇难同胞纪念馆，通过雕塑、图像、遗物等物品和情境再现，让学生不用出校门就能参观这个令人震撼的历史纪念馆，牢记历史、勿忘国耻，时刻警醒自己，只有奋发图强，把祖国建设得更加强大，才能让祖国以更加昂扬的姿态屹立于世界民族之林。

（五）"形势与政策"

"形势与政策"目前主要采取专题教学的形式，结合发生在国内外的时事政治热点话题，帮助学生理解新时代马克思主义，正确认识中国的时代责任和历史担当。该课程实时性强，变化频繁，建议结合当年的时事政治事件，通过VR技术模拟新闻现场，让学生成为新闻第一现场的目击者、体验者，能有效加深学生对事件发生深层次原因的了解。

除各门课程的独立教学设计外，还可以利用VR技术中的人脸表情识别技术获得学生对课堂的反馈。例如，如果学生对某一知识点的虚拟场景的表现为皱眉头和沉默时，说明学生有厌恶的情绪，那么就可以调整虚拟场景的设计，调整学生在虚拟世界的参与方式。教师也可以在虚拟现实课堂上引入测试环节。例如，在虚拟现实中模拟某一知识点的运用，对学生进行测验，起到重温知识点的作用。

七、VR技术在思政课实践教学上的应用

自古以来，实践是检验真理的唯一标准，真理得来不仅依靠书本传

承,更重要的是实践检验。VR 技术视域下"中国近现代史纲要"教学亦是如此,并非仅仅局限于课堂,更重要的是走出课堂,走进"中国近现代史纲要"教学实践基地,感悟历史事件、历史人物,置身其中,切身感受。VR 技术应用于"中国近现代史纲要"实践教学应从如下几个角度思索:一是致力打造 VR 技术下的"中国近现代史纲要"实践教学,以改传统的"中国近现代史纲要"实践教学模式,将 VR 技术融入"中国近现代史纲要"实践教学其中,将实地参观教学与虚拟现实教学完美、融洽结合,弥补现实实践教学呆板僵硬的教学模式,将死的事物活灵活现,以填补实践教学基地遗漏的地方,完美演绎过去这一时刻发生的历史轨迹,实现师生与古人对话,培养师生以史为纲、以史为轴、以史为镜,知其兴替,明其得失,知其然,更知其所以然的意识;二是实现线上与线下、虚拟与现实相衔接,VR 技术视域下"中国近现代史纲要"实践教学未来发展趋势必然是领域协同化、领域专业化。在"中国近现代史纲要"实践教学过程中,探寻 VR 技术应用过程中,不同学科、不同高校、不同区域"中国近现代史纲要"实践教学区别所在,相互借鉴相关实践教学成果,实现成果共享化,构建 VR 技术视域下"中国近现代史纲要"实践教学新篇章。

第二节 VR 技术应用于思政课教学的未来发展

一、5G 时代下的 VR 技术

(一) 5G 介绍

5G 是采用无线传输的方式,是指在某个基站内,用户手机与设备进行信号传输的一种方式,但是在每个运营商的各个基站之间的信号传输还是采用具有光缆的有线传输。

模拟制式的手机大哥大属于 1G 通信技术,2G 技术已经具备良好的通话音质和特定的待机时长，3G 技术可合成一些影像、音乐等，也能提供一些网页浏览、通话会议、多媒体商务，4G 技术能够传输画质较高的视频，将 3G 和 WLAN 结合在一起。在过去的十几年的时间里，我国摆脱了用户终端设备被束缚的局限、实现了比较完整的移动性，以及可靠的传输方式和接续手段。

20 世纪末，移动通信技术成为社会发展不可缺少的必要因素。5G 技术，就是第五代移动通信技术，它是一种全新的无线接入技术，可以实现个人与个人、事物与事物，以及个人与事物之间安全、有效和自由的联通。

使用了很多小型基站的 5G 技术，将之前的一个信号基站对应上千用户的服务方式改为一个信号基站服务一个用户的方式，这种基站分布方式具有更高的稳定性。

5G 技术采用高频段的传输技术，拥有一定数量的天线和设备，相当于把以前的高速公路改修为高铁运行的铁路，使得传输速率更快。设备与设备之间的通信方式是 5G 技术特点之一，此方式采取终端进行通信的模式，因此网络有了更低的延迟。2020 年 5 月初，在珠峰大本营处，中国移动与华为设立了海拔为 5300m 的 5G 信号基站，这是 5G 信号第一次实现对珠峰及附近线路的覆盖。

（二）VR 技术在 5G 时代的优势

众所周知，当下 5G 赋予产业新的发展动力。VR 技术作为近年如火如荼的产业之一，其广泛的应用空间及发展前景，逐渐被世人发现。5G 还有三大特征：一是大带宽，适用于人口众多区域，尤其城市集中区，快速便捷地传播速度，为互联网全程覆盖范围下的远程教育、远程会诊、虚拟现实影像资料的传输提供了技术支撑，全方位提升相关产业结构的升级；二是延迟低、可信度高，主要应用于高新技术产品的研发，例如，打造"互联网+工业""互联网+教育""互联网+军事""互联网+医疗"等领域新模式，促进相关产业结构优化升级；三是大数据信息化，主要面向未来智慧城市的建设、农业的智能化升级、人口信息化的分析等领域，构建各领域的大数据模型，实现各领域的量化分析，构建各领域发展的新模式，全面提升各领域核心竞争力。5G 时代下 VR 技术将加速发展，其最大的优势在于沉浸、交互和构想三大特点，吸引着技术、资本、人力等资源蜂拥而至。然而，在全球范围内，VR 的普及率并不是很高，很多场所还处于应用阶段。5G 带来的是更加清晰的画质、更快的速度、更大的应用储存。填补以往画质差、高延迟、小储存等不良现状，为 VR 技术的研发奠定了技术基础。基于 5G 的强大优越性，"5G+VR"两者的互融兼得，共同发力，必将推动产业的发展，大幅度提升产业价值，增强产业核心竞争力，增添创新力与活力。随着社会不断发展，运营商们也在 VR 技术当中寻求更多、更有潜力的应用场景，势必催生 VR 技术的迅猛发展。

（三）5G 时代下 VR 技术的发展模式

借助 5G 技术，虚拟现实技术在业务方面实现了创新，交互性和虚拟性得到进一步提高，虚拟现实技术的云化降低了成本投入，VR 技术的迅速普及也给运营商带来了更高的收入。

5G 技术相比 4G 技术变化较大，拓宽了互联网的发展前景，VR 技术的应用得到进一步的发展。5G 技术提高了 VR 的设备性能，虚拟现实技术的无线化彻底摆脱了传输数据慢的特点。

随着 5G 技术的到来，很多运营商抢占市场，相关网络技术布局速度正在持续加快，网络覆盖的面积与质量也正在进一步改善。VR 技术目前仍处于发展阶段，VR 行业有着无法预知的未来，在此基础上，VR 技术的发展与 5G 技术相结合，人们对于虚拟现实技术的体会更加真切，人类也将更快地进入智慧生活。

（四）5G 时代下 VR 技术发展前景

5G 作为一项颠覆性的技术，有着很高的热度，逐渐步入各个领域，尤其是在虚拟现实、自动驾驶等场景中，5G 的优越性更是不言而喻，毋庸置疑地改变着人们的生活。在 VR 行业，一直都有"5G 将改变 VR 体验"的说法。在 5G 的催生下，VR 技术正如火如荼地迅速进入快车道，飞速发展，展现勃勃生机。未来 5G 时代下的 VR 技术发展前景必然是一片光明，其主要体现在以下几个方面。一是 5G 的孕生，促进 VR 技术迅猛发展，正所谓"打铁还需自身硬"，未来 VR 技术发展前景至关重要。VR 技术自身的发展，VR 技术的攻关成功与否，与 VR 技术研发、产品制作、市场拓展息息相关。5G 的问世，辅助配套 VR 技术的研发与创新，成功促进 VR 技术与 VR 产品地迅猛发展。二是未来 5G 具有高速率、低延迟的特性，势必对虚拟现实产业提供技术支持。VR 技术不止可以应用在游戏上，在一些医疗领域、建筑领域、教育领域等都有 VR 的身影。随着 VR 技术的发展，VR 技术与产业不断融合，将会有更多产业被纳入 VR 的"势力范围"之内，VR 行业或许会迎来新的转机。伴随着 5G 迅猛发展，以 5G 为代表的移动通信技术有力地推动人工智能、物联网、大数据、云计算等技术的发展，将这些人与人的通信延伸到人与物、物与物的智能连接，万物互联的 5G 时代指日可待。

除了上述之外，VR 技术在很多领域内的应用展现了科技发展的魅力，给人类生活带来了巨大的改变，网络传输速度的提高将会给人类在视觉上带来更加神秘精彩的体验。

（1）增强沉浸感

在 VR 直播过程中，5G 技术将现场选手的画面导入直播制作系统，经过编辑合成以后通过 VR 技术展示给观众，观众通过滑动屏幕转移视角，可以一直追随直播中选手的动作，也可以通过自由切换模式来选择观看哪位选手。利用的"5G+8k"多机位、多视角技术给观众带来了一场身临其境的视觉体验；切换 VR 模式，戴上 VR 眼镜又是一番令人震撼的精彩世界。不同的观看方式增强了在这种远程直播环境下 VR 应用的沉浸感。

在虚拟现实应用过程中，用户可以通过自身的一些动作与硬件设备相结合增强沉浸感，其中手势识别是最有效方式，能让人的身体与虚拟环境中的场景进行各种互动，这也是人机交互的一种方式；另外提高硬件设备的视觉技术，对人体动作进行精确的识别，捕捉人体手势的深度信息，会进一步提高沉浸感。

（2）加快传输速度

5G 时代，大宽带、低延时等优势更是为流畅的 VR 直播提供了保障。5G 技术主要是一个信号基站服务一位用户，采用终端进行通信的方式，使 VR 信息在传输过程中更加稳定；5G 技术所采用的高频段的传输技术，拥有一定数量的天线和设备，从而提高了 VR 技术在场景应用中的传输速度，也为用户提供了更好的视觉体验。

5G 技术传输的过程中，可以通过正交频分复用、脉冲无线电，以及空时调制编码的方式来提高频谱的利用率进而提高传输速度；另外通过降低最低的截止频率，提高最高的截止频率来增加频谱带宽从而提高传输速度。

（3）提高实时交互性

5G 技术在 VR 影片、VR 新闻叙事、VR 教育教学等技术中，提供了足够的流畅度和较强的画质感，给用户一种极强的虚拟性，让其有了参与感和沉浸感，从而与 VR 应用场景中的人物进行实时的互动，完成信息的传递与接收。用户在传递与接收信息时，首先会根据 VR 设备终端，将 VR 场景中的各种信息进行汇总和编码，使得用户对场景中的信息有了自己的认知，而 5G 技术在互动的过程中提高了实时交互性。

高度优化的虚拟现实手柄会增加触觉反馈进而提高 VR 技术在应用过程中的实时交互性；采用动作捕捉技术，使用户进入"真实"世界，会获得完全的沉浸感，提高实时交互性。

二、VR 技术在思政教学中的发展前景

（一）VR 技术软件与硬件相结合

未来 VR 高校思政教室将打破传统三尺讲台的教书育人模式，实现"互联网+教育"模式思政课堂教学模式。打造智能课堂、网络课堂，逐步实现思政课教学由 PC 客户端向移动客户端转移，倾力打造全方位、全过程、全领域的精品高校思政课教学。智能、科技、创新将是未来 VR 高校思政课教室设计理念追求，一改传统粉末灰尘铺天盖地的现状。VR 高校思政教室拥有配套的考勤系统，相较传统教师费时、费力的点名方式，更具便捷、精准、高效等优势。VR 高校思政教室将打破时空的束缚，实现零距离的网上课程教学，打破固有地域教学资源分布不均的现状，实现双一流高校、国外知名高校教学资源向普通职专院校转移。未来的高校思政教室更具人性化设计理念，完全实现以"人为中心"，在课程设置安排上合理地平衡教师、学生、VR 技术三者之间的关系。另外 VR 高校思政教室在硬件配套设施的购置、墙壁颜色粉刷、文化板墙的设计等方面，采取最新科技理念和文化内涵，具有与众不同的视觉感、触觉感、体验感。同

时，VR 高校思政教室配备一定的安全应急设施，以提前预防和及时解决突发事件，注重硬件设施的安全性，凸显教师和学生的双主体地位。

（二）探索研究沉浸式学习方式

思想政治教育文本已经从传统的书本延伸到互联网，如"学习强国"App、公众号、小程序及相关网站等扁平化媒介，这些新媒体较大地提升了思想政治教育实效，但因其在小区域屏幕上进行信息传递，信息量大、翻页频率高，用户较难记忆。在课堂教学中，传统思想政治理论教育的教学形式单一，学生容易进入知识疲倦的接收状态，会直接影响学习效果。随着虚拟现实技术的普及，360°全景模式的学习场景逐渐被年轻人所接受。使用虚拟现实全景模式可以让用户沉浸在一个全封闭的环境中，在全景模式下，前后左右分别放置信息关联或者循序渐进的信息内容，用户在全景模式下会注意力高度集中。使用虚拟现实头盔可以让学习者的两只眼睛关闭在密闭的虚拟现实盒子中，排除外界的干扰，有利于知识的传递和吸收，能够达到强化记忆的效果。营造思想政治教育的沉浸学习环境是对传统教学环境的补充，可以提高学生学习注意力。

（三）VR 思政教师素质与技术创新应用相结合

教师作为学生的领路人，要贯彻"立德树人"根本任务，不断与时俱进，练就过硬本领、提高政治信仰、增强自律意识。未来的 VR 思政教师应具备以下四个方面素养：一是方向要正，思政课教师无论借助任何辅助技术应用于课堂教学，必须坚定正确的政治方向，用习近平新时代中国特色社会主义思想教育学生，坚决落实立德树人根本任务；二是意识要强，VR 技术是服务于高校思政课堂教学实施的一门应用型技术，其必然不能代替思政课教师的主导作用，思政课教师要树立正确意识观念，时刻把握好"VR+高校思政课"教学"度"的问题；三是落实要严，思政课教师要真学、真懂、真用 VR 技术，不断在技术使用、课件制作、效果反馈等方面，下功夫、追求实效，不断增强其自身使用 VR 技术的创新意识、创新思维，时刻掌握辩证唯物主义和历史唯物主义两大法宝，学以致用解决 VR 课堂实际问题；四是借鉴要勤，思政课教师要不断借鉴其他学者、高校、部门 VR 技术成功经验，要不断借鉴相关前沿领域研究成果，不能闭门造车，故步自封，要与时俱进，时刻把握领域最前沿动态。

（四）挖掘 VR 交互性在思政课教学中的应用

虚拟现实技术除了沉浸感和逼真感之外，还有良好的交互性，与思想政治课的结合具有得天独厚的优越条件。虚拟现实设备分为专业设备和移动设备。专业设备均配备了交互设备，有交互手柄及其他特殊交互设备；移动设备通常使用手机屏幕触摸交互，或者便携式 VR 眼镜进行屏幕凝视交互。在虚拟现实内容浏览过程中，实现媒体可交互效果，使用户主动动手操作，可以增加大脑兴奋度和提高大脑记忆效果。根据思想政治理论课教学内容的逻辑，教师可在三维虚拟场景中设置多个交互对象，循序渐进，使用户进行游戏性探索，通过在场景中寻找物件获得知识，使用已获得的知识解锁新知识。此外，教师还可以把经典历史场景与思想政治教育相结合，融入学习主题，在课堂学习、知识普及宣传等多个渠道通过虚拟现实的形式进行游戏性内容植入，让教育教学从"以教师为中心"转变成"以学生为中心"，促使学习者主动学习，思想接纳循序渐进，从而吸引更多的参与者和学习者，让学习者从被动接受教育转变成主动引导自己接受教育。把被动转换成主动，可以很好地让思想政治教育理论更容易被掌握，成为新的辅助学习方式。多种感官的刺激，也使得思想政治教育课程变得更加有趣和生动。

（五）思政理论与 VR 技术相融合

未来 VR 思政课程将时刻保持与时俱进，唱响新时代号角，成为学校倾力打造的精品智慧课程。VR 思政课程致力于以学生为中心，人性化育人，追求思政课程教学的时效性，真正达到"教"与"育"合二为一。VR 技术的虚拟现实性，打破了传统思政课程的教学模式，摒弃了思政课程固有的弊端，实施沉浸式教学。以往"桃花源"仅仅呈现在书本上，活跃在学生的脑海里，现在却活灵活现地呈现在学生眼前。实现时空穿越已不是梦想而是现实，学生完全可以实现与"古人"对话，寓情于景，设身处地领略"桃花源"风光。学生和教师完全置身于虚拟空间中，切身感受 VR 设备模拟的气味、温度、气流等等功能，实时模拟站、立、行、走，实现触摸和虚拟物体的反馈功能。另外，未来的 VR 思政课程已经不需要实体课堂，学生只需在宽敞、安全的空间，采用VR设备即可接受课程教学，可以实现足不出户接受VR思政课程，真正实现零距离尽知天下事。教师提前将制作好的VR思政课"课程数据"远程发送学生，就可以实现远程操控，陪伴学生畅游知识海洋，这样无疑解决了缺课同学补课难题。

（六）电子书包与VR技术相结合

电子书包作为教育信息化产品之一，其问世到现在，经历种种考验，优越性逐渐被学者所认可。电子书包对传统教材产生巨大挑战，实现对广大师生的"减负"，其自身拥有便捷携带、内容丰富、内容新颖、制作精细等诸多优势。课堂教学将打破教师权威性，实现双主体性，不再是"以教为中心"而是"以学为中心"。随着VR技术的迅猛发展，将电子书包与VR相结合，已然不是空想。将电子书包自身突出优越性与VR技术相结合，实现课程虚拟，紧紧地抓住师生求新创异之心，从而缓解压抑沉闷的教学氛围。同时，电子书包与VR技术两者相结合，实现质量与重量的"减负"，充分体现"以学生为中心"的教学理念，实现科技服务于教学，顺应时代潮流。未来电子书包的发展，必然是与VR的强强联合，打破传统常规，以改教学模式，为师生提供新技术、新设备、新模式。更改以往教学理念，灌输以服务学生为初衷，以追求教学实效性为最终目标的教学理念，倾尽心力打造新时代下的全新课堂教学模式。在课程设置推广方面，由点到面、由局部到整体，按部就班、有条不紊，有序开展。同时，注重理论与实践同向同行，加深理论研讨，并不断从实际出发，分阶段、分区域、逐步推广。在新媒体新技术迅速发展的大环境下，教学也必将冠之科技之路，与时俱进、与科技共舞，打造新时代下的创新教育。

（七）运用VR技术在思政课程实践中进行角色扮演

思想政治教育的学术研究与教学实践相结合、相统一，思想政治理论课的最大优势应当是"内容为本，以理服人"。思想政治教育的内容涵盖多个领域，包括理论教育、影片教育、实践体验等，且大都属于传播式教育，用户很难直接领略教育内容并感受内容背后的真实环境。借助虚拟现实技术，用户可以在封闭式虚拟环境中进行角色扮演，让用户身临其境感受所扮演角色的处境和所扮演角色应该做出的反馈和动作，利用交互设备进行虚拟场景语义交互、物件交互及战斗性游戏交互，帮助用户深刻体验主题场景的现场氛围和交流细节。虚拟现实环境中的角色扮演能将课堂中的抽象知识和枯燥内容转变成形象、生动和具体的环境和内容，有利于激发广大学生的学习热情，尤其对于理科生而言，角色扮演更能够让他们主动学习，轻松掌握。虚拟现实可以让学生体会到在课堂上无法感受到的氛围和情境，是思想政治理论课课堂教学的强大支撑和补充。需要强调的是，在构建思想政治教育的虚拟现实平台中，需要尊重历史，严格按照理论实际进行开发，才能确保学习者在使用虚拟现实平台时，所接收信息的准确性。

（八）将 AI 与 VR 相结合

教育的根本存在意义，不仅是"教"，更重要的是"育"。古语云："授人以鱼，不如授人以渔。"教育从来不是一件简单的事情，并非人人皆可为师。随社会发展，对于教师要求逐步提高。孔子提出"因材施教"，然而个性化教育变革依然任重道远，教学的实效性亦是收效堪忧，且有足够提升发展空间。要实现 AI 与 VR 结合下的高校思政课，探索新时代下高校思政教育新途径。AI 集研究、模拟、延伸和扩展人的智能的理论、方法、技术及应用系统于一体，其研究领域十分广泛。AI 与 VR 携手共舞，充分发挥彼此的强大功能，共同助力高校思政教育。未来思政课堂将集 AI 与 VR 技术于一体，建立思政教育生态体系。一是追求 VR 与 AI 技术下的思政教室软件建设、硬件建设、技术专家等；二是加强教学管理、课堂管理、内容管理等几方面建设发展。

参考文献

[1] 陈刚，刘刚，孙淑萍."大思政"视域下高职思政课实践教学模式的改革与创新［J］.学校党建与思想教育，2014，(22)：30—31.

[2] 燕连福，温海霞.高校各类课程与思政课同向同行育人的问题及对策［J］.高校辅导员，2017（4）：13—19.

[3] 付晓玲.思政课落实"立德树人"根本任务的路径研究［D］.芜湖：安徽工程大学，2017.

[4] 邓卓明，卢景昆.评价高校思政课教学质量的四个维度［J］.中国高等教育，2016（Z2）：68—70.

[5] 范方红.高校思政课教师实践教学能力提升新探［J］.学校党建与思想教育，2016（10）：37—39.

[6] 龙斌.新媒体时代高校思政课教师如何有效传播正能量［J］.红旗文稿，2015（17）：19—22；1.

[7] 唐世刚.创新高校思政课新媒体课堂教学的思考［J］.学校党建与思想教育，2015（13）：59—60.

[8] 于红.社会主义核心价值观融入高校思政课教学实践研究［J］.思想理论教育导刊，2015（6）：70—72；105.

[9] 刘兴."大思政"教育格局下的高校思政课教学改革与实践［J］.宿州教育学院学报，2015，18（1）：103—104.

[10] 刘玲.基于就业导向的高校高专思政课实践教学模式创新［J］.海南广播电视大学学报，2014，15（4）：122—125.

[11] 陈二祥，陈志超.担当起高校思政课教师应有的责任［J］.红旗文稿，2014（22）：30—31.

[12] 曾杰.信仰教育维度下的高校思政课改革［J］.教育评论，2013（6）：90—92.

[13] 王素云. 高校思政课与中学政治课课程衔接问题研究 [J]. 学校党建与思想教育, 2013 (17): 33—35.

[14] 张玉兰. 高校思政课实践教学研究 [J]. 山东理工大学学报 (社会科学版), 2013, 29 (3): 95—100.

[15] 赵增彦. 高校思政课实践教学资源多元化整合与一体化运用 [J]. 东北师大学报 (哲学社会科学版), 2013 (2): 177—180.

[16] 谭群英, 何会宁. 高校辅导员与思政课教师队伍的融合建设探讨 [J]. 学校党建与思想教育, 2012 (34): 76—78.

[17] 毛远芳. 高校思政课实践教学环节中教师队伍存在的问题及对策 [J]. 山西高等学校社会科学学报, 2012, 24 (11): 54—57.

[18] 李冬俐. 关于高校思政课教学实效性与实践教学的几点思考 [J]. 黑河学刊, 2012 (10): 106—107; 109.

[19] 林春逸. 高校思政课教学实效性的提升理念、策略与方法 [J]. 学校党建与思想教育, 2012 (25): 42—44.

[20] 韩光道. 思政课学生主体实践性教学研究 [M]. 武汉: 华中科技大学出版社, 2014.

[21] 钱结海. 提高高校思政课实践教学实效性的几个着力点 [J]. 思想理论教育导刊, 2012 (4): 83—85.

[22] 丁玉霞. 提升高校思政课教师实践教学能力的探索 [J]. 现代商贸工业, 2012, 24 (7): 142—143.

[23] 豆艳荣. 高校思政课实践教学模式探讨 [J]. 历史教学 (下半月刊), 2011 (10): 68—72.

[24] 高原平. 高校不同专业学生思政课教学改革研究 [D]. 长沙: 湖南大学, 2011.

[25] 肖映胜, 张耀灿. 高校思政课教学评价理念新思考 [J]. 中国高等教育, 2011 (6): 34—36.

[26] 朱剑昌, 王继辉, 蒋福春. 高校思政课教学指导 [M]. 北京: 中国言实出版社, 2008.

[27] 雷芳. 以学生社团为载体提高思政课实践教学的实效性 [J]. 教育与职业, 2010 (12): 137—138.

[28] 闫科培. 新时期加强高校思政课教师队伍建设的几点思考 [J]. 新

疆师范大学学报（哲学社会科学版），2009，30（2）：40—43.

［29］赵光军. 高校思政课实践教学模式改革与探索［J］. 当代教育论坛（学科教育研究），2008（6）：19—20.

［30］孟志中. 思想政治教育要素论［J］. 中国青年政治学院学报，2003（3）：15—19.